**교과서가 쉬워지는
초등 역사 신문**

한 그루의 나무가 모여 푸른 숲을 이루듯이
청림의 책들은 삶을 풍요롭게 합니다.

뉴톡 시리즈 3

교과서가 쉬워지는 초등 역사 신문

김문영 지음

청림Life

> 프롤로그

『교과서가 쉬워지는 초등 역사 신문』의 세계로 온 여러분 환영합니다!

저는 여러분처럼 호기심 많은 학생들을 가르치며, 어떻게 하면 교과서의 내용을 더 쉽고 재미있게 전달할 수 있을까 고민해 온 초등 선생님이에요. 현재는 교과서 교육과정과 연계된 재미있는 책들을 골라 다양한 수업과 프로그램을 연구하고, 역사와 세계사를 함께 가르치고 있어요. 선생님이 여러 교육 프로그램을 진행할 때 가장 강조하는 것이 3가지가 있어요. 그게 무엇일까요? 바로 '교과서', '신문', '배경 지식'이에요.

먼저, 교과서는 여러분이 꼭 알아야 할 지식과 정보를, 학년 성장 단계에 맞춰 체계적으로 담고 있는 중요한 책이에요. 교과서의 내용은 여러분이 성인이 되어 사회에 나가 살아가면서 꼭 알아야 할 기초 지식들을 모아 둔 것이죠. 이렇게 중요한 내용이지만 때로는 교과서 내용이 조금 어렵게 느껴지거나, '실제로 우리 생활과 어떻게 연결이 된다는 거야?' 하고 의구심이 들 때가 있을 거예요.

그럴 때 신문이 큰 도움이 될 수 있어요. 신문은 우리가 사는 세상에서 벌어지는 다양한 일들을 생생하게 전달해 주는 도구예요. 신문 기사를 읽다 보면, 교과서에서 배운 지식이 실제로 어떻게 적용되는지 알게 되고, 세상을 이해하는 눈이 넓어지게 된답니다. 요즘 이슈가 되고 있는 문해력을 키우는 방법이기도 하고요.

또한, 우리가 배워야 할 중요한 주제 중 하나가 역사예요. 역사는 과거에 일어난 일들을 기록하고, 그 속에서 교훈을 얻어 미래를 준비하는 데 큰 역할을 해요. 역사를 공부하면, 지금 우리가 누리는 것들이 어떻게 형성되었는지 알게 되고, 앞으로 우리가 어떤 길을 걸어야 할지 생각하게 되죠.

하지만 신문과 교과서, 역사적 내용을 따로따로 읽는 것은 조금 어렵고 복잡하게 느껴질 수 있어요. 오늘 여러분에게 소개할 책은 그 일환으로 탄생했답니다. 이 책은 교과서의 내용과 관련이 있는 신문 기사를 자연스럽게 연결해, 여러분이 시사적인 부분을 더 쉽게 읽고 배울 수 있도록 구성했어요. 또 우리나라는 물론 다른 나라에 비슷한 사건들은 없었는지 확인할 수 있도록 했지요. 신문 기사를 통해 현재 일어나고 있는 일들과 과거에 일어난 사건들을 연결해서, 역사를 살아 있는 이야기로 만들어 줄 거예요.

이 책은 신문 기사, 교과서 내용 기사, 역사적 배경 지식 세 지문이 한 세트로 구성되어 있어요. 먼저 요즘 이슈가 된 35개 주제의 신문 기사를 읽으며 세상을 보는 눈을 키워요. 그다음으로는 기사를 이용한 문제들을 풀 거예요. 내용을 요약하는 방법, 지문을 꼼꼼하게 읽고 자신의 생각을 정리하는 방법 등 비문학 독해의 스킬을 익힐 수 있지요. 그리고 연계된 교과서 내용과 배경 지식을 통해 기본 상식과 지식이 더해져 박학다식한 여러분이 될 거예요. 책을 통해 익힌 내용이 뉴스나 교과서에 나왔을 때, '아는 만큼 보인다'의 매직을 경험하게 되리라 믿어요.

이 책이 여러분의 학습 여정에 큰 도움이 되기를 바라며, 지금부터 함께 시작해 볼까요? 『교과서가 쉬워지는 초등 역사 신문』과 함께하는 즐거운 여행이 여러분을 기다리고 있어요!

프롤로그		004
이 책의 활용법		010

	신기한 뉴스		우당탕 교과서	
1	빛 공해에 시달리는 지구	014	우리나라에 첫 물불이 켜지던 날	016
2	푸바오는 왜 중국으로 가야만 했을까?	020	만부교에서 낙타 50필이 굶어 죽다!	022
3	배달비 0원 경쟁, 승자는 누가 될까?	026	조선 라이더스, 효종갱 배달 시작!	028
4	미래 운송 수단인 드론 택시	032	비싸도 인기 있는 세마꾼과 마계전	034
5	숏품 중독이 늘고 있다	038	조선에서 온 정조의 편지	040
6	금사과, 32년 만의 과일값 폭등	044	새마을운동의 글로벌 확산	046
7	'노○○존' 성행하는 한국	050	인권 운동의 선구자, 세종대왕을 만나다	052
8	수도권 집중 호우로 피해 속출	056	1923년 간토 대지진 생존자 인터뷰	058
9	AI 디지털 교과서와 전자책 열풍	062	담배 가게에서 발생한 전기수 살인 사건	064

차례

신기한 뉴스 | 우당탕 교과서

10 초등학교까지 날아든 '대남 오물 풍선'	**068** 삐라가 바꾼 삶: 탈북자 유성 씨	**070**
11 환경 단체의 시위, 스톤헨지 훼손 논란	**074** 숭례문, 5년 만에 국민의 품으로	**076**
12 정부, '인구 국가비상사태' 선포	**080** 끝장 토론: 역사 속 저출산 전문가들 출동	**082**
13 지역 화폐, 지역 경제 활성화의 열쇠	**086** 화폐 속 인물들의 셀프 자랑	**088**
14 나뭇잎 모양 지뢰, 장마철 안전 위협	**092** 지뢰 없는 세상을 향해: ICBL의 노력	**094**
15 조선 후기에 그려진 신윤복의 그림 도난	**098** 우리 문화재 지킴이 전형필	**100**
16 반려동물 산업의 새로운 시대	**104** 태조 왕건의 혼인 정책	**106**
17 생성형 AI와 한국 역사 왜곡 확산	**110** 윌리엄 그리피스의 조선은 어떤 모습?	**112**
18 사그라다 파밀리아, 144년 만에 완공	**116** 석가탑에는 숨겨진 비밀이 있대	**118**

신기한 뉴스

19	공공시설, 청년 결혼식 공간으로 개방	122
20	반구대 암각화 보존 위한 사연댐 수문 설치 본격 추진	128
21	변화하는 여행 트렌드	134
22	산 호세호 인양, 소유권 갈등 재점화	140
23	탄소 중립 실천으로 지구를 지키자	146
24	파리, 2024 올림픽 개최	152
25	치명적 조류 독감 대유행 경고	158
26	전 세계를 강타한 K-푸드	164
27	가와지쌀, 글로벌 도약을 꿈꾸다	170

우당탕 교과서

	포도청 포졸 모집 공고	124
	조사보고서 발표: 반구대 암각화와 천전리 각석 발견	130
	열하일기, 조선의 미래를 그리다	136
	신안 보물선, 그 놀라운 이야기	142
	한양 거리에서 만난 두 난민	148
	고구려 동맹제, 그날의 현장을 가다	154
	조선을 구한 종두법의 선구자, 지석영	160
	최초의 한류 스타, 왕인	166
	신석기인의 일기	172

	신기한 뉴스			우당탕 교과서	
28	그리스, 주 6일 근무제 도입 논란	176	IMF로부터 독립한 날	178
29	화성 배터리 공장 화재 참사	182	조선의 안전을 위한 도약, 멸화군 창설	184
30	중국 훠궈 식당 및 식자재 공급업체의 비위생적 관리 실태	188	조선 최고의 '정직한 인삼': 진짜 인삼만을 약속합니다	190
31	청주동물원, 국내 첫 거점동물원으로 지정	194	우리의 첫 동물원, 창경원 동물원에 가다	196
32	촉법소년의 범죄 증가와 관련 법 개정	200	경국대전의 6전을 소개합니다	202
33	2024년 '슈퍼 선거'와 딥페이크	206	1960년 4월 19일, 마산 시위 현장에서	208
34	일본 방위백서, 20년째 독도 영유권 주장 되풀이	212	안용복, 울릉도와 독도를 지키다	214
35	'지도의 날'을 국가기념일로	218	김정호 선생님과의 특별 인터뷰	220

정답   224

이 책의 활용법

1단계 최신 뉴스 읽고 정리하기

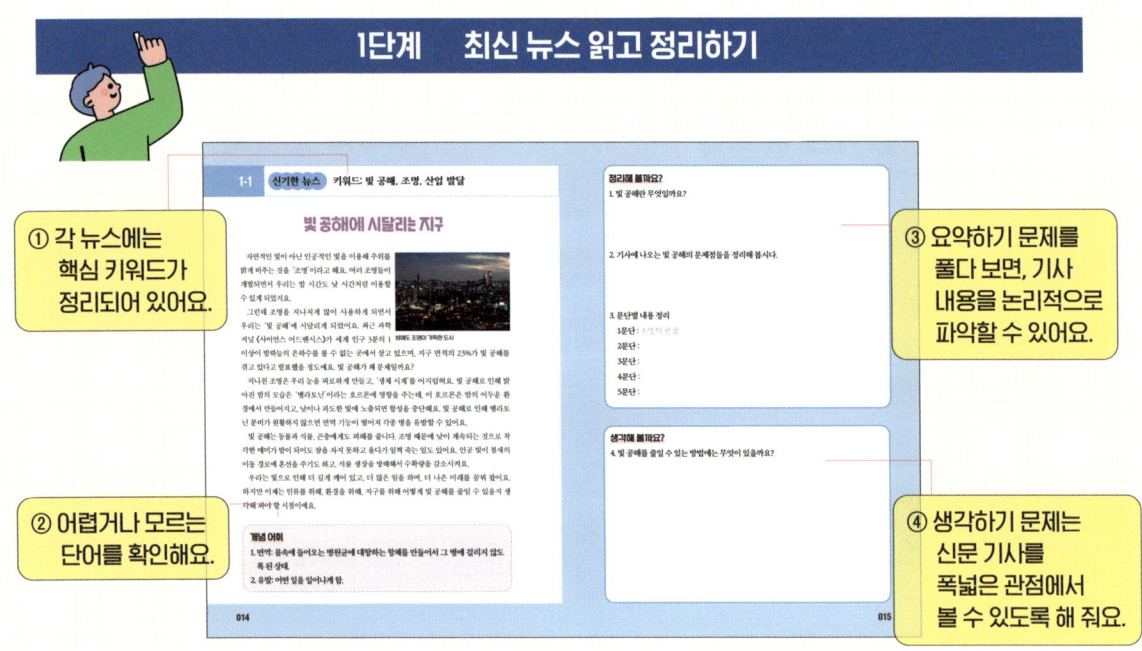

① 각 뉴스에는 핵심 키워드가 정리되어 있어요.

② 어렵거나 모르는 단어를 확인해요.

③ 요약하기 문제를 풀다 보면, 기사 내용을 논리적으로 파악할 수 있어요.

④ 생각하기 문제는 신문 기사를 폭넓은 관점에서 볼 수 있도록 해 줘요.

2단계 뉴스와 연계된 교과 내용 이해하기

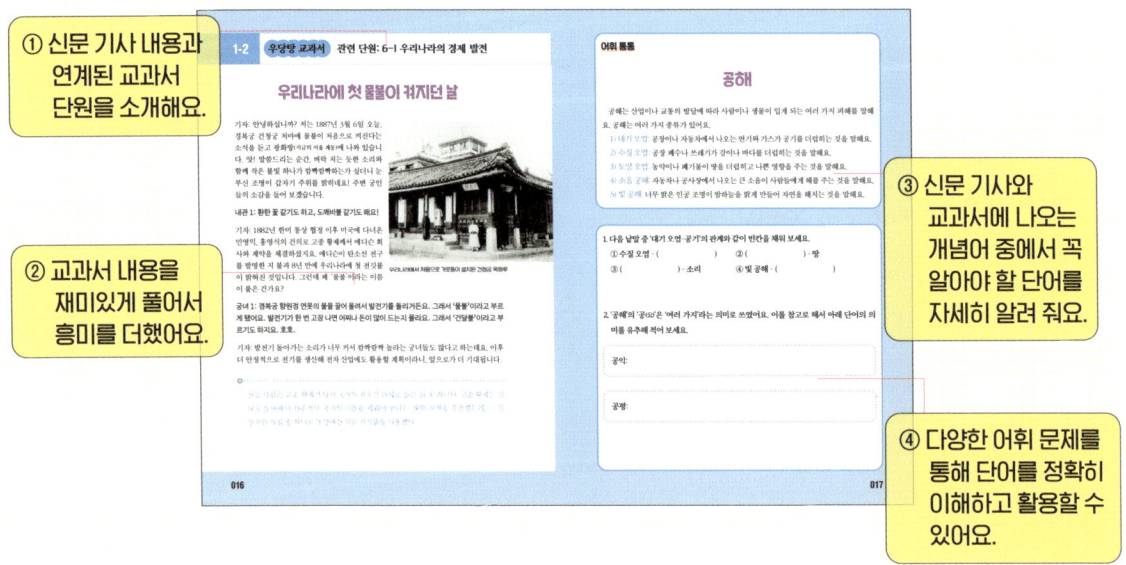

① 신문 기사 내용과 연계된 교과서 단원을 소개해요.

② 교과서 내용을 재미있게 풀어서 흥미를 더했어요.

③ 신문 기사와 교과서에 나오는 개념어 중에서 꼭 알아야 할 단어를 자세히 알려 줘요.

④ 다양한 어휘 문제를 통해 단어를 정확히 이해하고 활용할 수 있어요.

3단계　배경 지식 넓히기

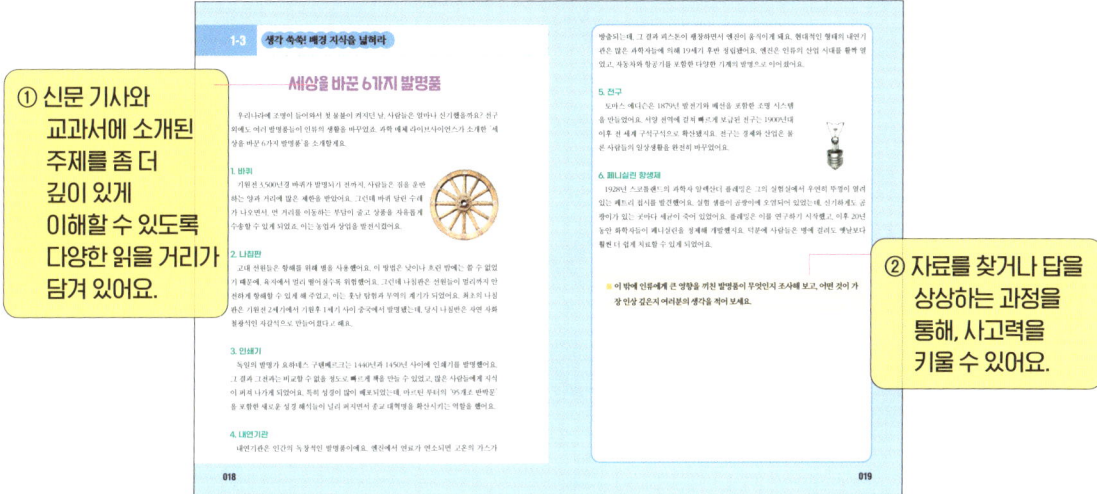

① 신문 기사와 교과서에 소개된 주제를 좀 더 깊이 있게 이해할 수 있도록 다양한 읽을 거리가 담겨 있어요.

② 자료를 찾거나 답을 상상하는 과정을 통해, 사고력을 키울 수 있어요.

 **정답은 어떻게 확인하나요?**

이 책의 맨 뒤에는 모든 퀴즈의 답이 적혀 있어요. 특히 자신의 생각을 적어 보는 〈생각해 볼까요?〉 문제에도 예시 답변을 정리해서 누구나 참고할 수 있도록 했지요. 생각해 보는 일이 서툰 어린이 친구들은 자신의 생각을 먼저 적어 본 뒤, 예시 답변과 비교하며 사고력을 높이는 연습을 해 보세요. 부모님이나 주변 어른의 도움을 받아도 좋아요!

 **여기서 잠깐!**

이 책에 실린 대화, 인터뷰, 편지 등의 내용은 어린이 여러분이 좀 더 쉽고 재미있게 내용을 이해할 수 있도록 가상으로 재구성한 거예요! 실제 있었던 일이 아니므로 오해하지 않도록 해요!

1단계
신기한 뉴스

2단계
우당탕 교과서

3단계
생각 쑥쑥! 배경 지식을 넓혀라

1-1 신기한 뉴스 키워드: 빛 공해, 조명, 산업 발달

빛 공해에 시달리는 지구

자연적인 빛이 아닌 인공적인 빛을 이용해 주위를 밝게 비추는 것을 '조명'이라고 해요. 여러 조명들이 개발되면서 우리는 밤 시간도 낮 시간처럼 이용할 수 있게 되었지요.

그런데 조명을 지나치게 많이 사용하게 되면서 우리는 '빛 공해'에 시달리게 되었어요. 최근 과학 저널 《사이언스 어드밴시스》가 세계 인구 3분의 1

밤에도 조명이 가득한 도시

이상이 밤하늘의 은하수를 볼 수 없는 곳에서 살고 있으며, 지구 면적의 23%가 빛 공해를 겪고 있다고 발표했을 정도예요. 빛 공해가 왜 문제일까요?

지나친 조명은 우리 눈을 피로하게 만들고, '생체 시계'를 어지럽혀요. 빛 공해로 인해 밝아진 밤의 모습은 '멜라토닌'이라는 호르몬에 영향을 주는데, 이 호르몬은 밤의 어두운 환경에서 만들어지고, 낮이나 과도한 빛에 노출되면 합성을 중단해요. 빛 공해로 인해 멜라토닌 분비가 원활하지 않으면 면역 기능이 떨어져 각종 병을 유발할 수 있어요.

빛 공해는 동물과 식물, 곤충에게도 피해를 줍니다. 조명 때문에 낮이 계속되는 것으로 착각한 매미가 밤이 되어도 잠을 자지 못하고 울다가 일찍 죽는 일도 있어요. 인공 빛이 철새의 이동 경로에 혼선을 주기도 하고, 식물 생장을 방해해서 수확량을 감소시켜요.

우리는 빛으로 인해 더 길게 깨어 있고, 더 많은 일을 하며, 더 나은 미래를 꿈꿔 왔어요. 하지만 이제는 인류를 위해, 환경을 위해, 지구를 위해 어떻게 빛 공해를 줄일 수 있을지 생각해 봐야 할 시점이에요.

개념 어휘
1. 면역: 몸속에 들어오는 병원균에 대항하는 항체를 만들어서 그 병에 걸리지 않도록 된 상태.
2. 유발: 어떤 일을 일어나게 함.

정리해 볼까요?

1. 빛 공해란 무엇일까요?

2. 기사에 나오는 빛 공해의 문제점들을 정리해 봅시다.

3. 문단별 내용 정리

   1문단 : 조명의 장점

   2문단 :

   3문단 :

   4문단 :

   5문단 :

생각해 볼까요?

4. 빛 공해를 줄일 수 있는 방법에는 무엇이 있을까요?

1-2 우당탕 교과서 관련 단원: 6-1 우리나라의 경제 발전

우리나라에 첫 물불이 켜지던 날

기자: 안녕하십니까? 저는 1887년 3월 6일 오늘, 경복궁 건청궁 처마에 물불이 처음으로 켜진다는 소식을 듣고 광화방(지금의 서울 계동)에 나와 있습니다. 앗! 말씀드리는 순간, 벼락 치는 듯한 소리와 함께 작은 불빛 하나가 깜빡깜빡하는가 싶더니 눈부신 조명이 갑자기 주위를 밝히네요! 주변 궁인들의 소감을 들어 보겠습니다.

내관 1: 환한 꽃 같기도 하고, 도깨비불 같기도 해요!

기자: 1882년 한미 통상 협정 이후 미국에 다녀온 민영익, 홍영식의 건의로 고종 황제께서 에디슨 회사와 계약을 체결하셨지요. 에디슨이 탄소선 전구를 발명한 지 불과 8년 만에 우리나라에 첫 전깃불이 밝혀진 것입니다. 그런데 왜 '물불'이라는 이름이 붙은 건가요?

우리나라에서 처음으로 가로등이 설치된 건청궁 옥화루

궁녀 1: 경복궁 향원정 연못의 물을 끌어 올려서 발전기를 돌리거든요. 그래서 '물불'이라고 부르게 됐어요. 발전기가 한 번 고장 나면 어찌나 돈이 많이 드는지 몰라요. 그래서 '건달불'이라고 부르기도 하지요. 호호.

기자: 발전기 돌아가는 소리가 너무 커서 깜짝깜짝 놀라는 궁녀들도 많다고 하는데요. 이후 더 안정적으로 전기를 생산해 전차 산업에도 활용할 계획이라니, 앞으로가 더 기대됩니다.

전등 사업은 고종 황제가 당시 국정의 최우선 과제로 꼽은 일 중 하나다. 고종 황제는 강대국 틈새에서 자주적인 국가의 기틀을 세워야 한다는 개혁 정책을 추진했는데, 그 상징적인 작업 중 하나로 동양에선 처음 전깃불을 사용했다.

어휘 통통

공해

  공해는 산업이나 교통의 발달에 따라 사람이나 생물이 입게 되는 여러 가지 피해를 말해요. 공해는 여러 가지 종류가 있어요.

  1) **대기 오염:** 공장이나 자동차에서 나오는 연기와 가스가 공기를 더럽히는 것을 말해요.
  2) **수질 오염:** 공장 폐수나 쓰레기가 강이나 바다를 더럽히는 것을 말해요.
  3) **토양 오염:** 농약이나 폐기물이 땅을 더럽히고 나쁜 영향을 주는 것을 말해요.
  4) **소음 공해:** 자동차나 공사장에서 나오는 큰 소음이 사람들에게 해를 주는 것을 말해요.
  5) **빛 공해:** 너무 밝은 인공 조명이 밤하늘을 밝게 만들어 자연을 해치는 것을 말해요.

---

1. 다음 낱말 중 '대기 오염–공기'의 관계와 같이 빈칸을 채워 보세요.
  ① 수질 오염 - (　　　　　)　　② (　　　　　) - 땅
  ③ (　　　　　) - 소리　　　　④ 빛 공해 - (　　　　　)

2. '공해'의 '공(公)'은 '여러 가지'라는 의미로 쓰였어요. 이를 참고로 해서 아래 단어의 의미를 유추해 적어 보세요.

  공익:

  공평:

1-3 생각 쑥쑥! 배경 지식을 넓혀라

세상을 바꾼 6가지 발명품

우리나라에 조명이 들어와서 첫 물불이 켜지던 날, 사람들은 얼마나 신기했을까요? 전구 외에도 여러 발명품들이 인류의 생활을 바꾸었죠. 과학 매체 라이브사이언스가 소개한 '세상을 바꾼 6가지 발명품'을 소개할게요.

1. 바퀴

기원전 3,500년경 바퀴가 발명되기 전까지, 사람들은 짐을 운반하는 양과 거리에 많은 제한을 받았어요. 그런데 바퀴 달린 수레가 나오면서, 먼 거리를 이동하는 부담이 줄고 상품을 자유롭게 수송할 수 있게 되었죠. 이는 농업과 상업을 발전시켰어요.

2. 나침판

고대 선원들은 항해를 위해 별을 사용했어요. 이 방법은 낮이나 흐린 밤에는 쓸 수 없었기 때문에, 육지에서 멀리 떨어질수록 위험했어요. 그런데 나침판은 선원들이 멀리까지 안전하게 항해할 수 있게 해 주었고, 이는 훗날 탐험과 무역의 계기가 되었어요. 최초의 나침판은 기원전 2세기에서 기원후 1세기 사이 중국에서 발명됐는데, 당시 나침반은 자연 자화 철광석인 자갈석으로 만들어졌다고 해요.

3. 인쇄기

독일의 발명가 요하네스 구텐베르크는 1440년과 1450년 사이에 인쇄기를 발명했어요. 그 결과 그전과는 비교할 수 없을 정도로 빠르게 책을 만들 수 있었고, 많은 사람들에게 지식이 퍼져 나가게 되었어요. 특히 성경이 많이 배포되었는데, 마르틴 루터의 '95개조 반박문'을 포함한 새로운 성경 해석들이 널리 퍼지면서 종교 대혁명을 확산시키는 역할을 했어요.

4. 내연기관

내연기관은 인간의 독창적인 발명품이에요. 엔진에서 연료가 연소되면 고온의 가스가 방출되는데, 그 결과 피스톤이 팽창하면서 엔진이 움직이게 돼요. 현대적인 형태의 내연기관은 많은 과학자들에 의해 19세기 후반 정립됐어요. 엔진은 인류의 산업 시대를 활짝 열었고, 자동차와 항공기를 포함한 다양한 기계의 발명으로 이어졌어요.

5. 전구

토마스 에디슨은 1879년 발전기와 배선을 포함한 조명 시스템을 만들었어요. 서양 전역에 걸쳐 빠르게 보급된 전구는 1900년대 이후 전 세계 구석구석으로 확산됐지요. 전구는 경제와 산업은 물론 사람들의 일상생활을 완전히 바꾸었어요.

6. 페니실린 항생제

1928년 스코틀랜드의 과학자 알렉산더 플레밍은 그의 실험실에서 우연히 뚜껑이 열려 있는 페트리 접시를 발견했어요. 실험 샘플이 곰팡이에 오염되어 있었는데, 신기하게도 곰팡이가 있는 곳마다 세균이 죽어 있었어요. 플레밍은 이를 연구하기 시작했고, 이후 20년 동안 화학자들이 페니실린을 정제해 개발했지요. 덕분에 사람들은 병에 걸려도 옛날보다 훨씬 더 쉽게 치료할 수 있게 되었어요.

■ 이 밖에 인류에게 큰 영향을 끼친 발명품이 무엇인지 조사해 보고, 어떤 것이 가장 인상 깊은지 여러분의 생각을 적어 보세요.

2-1 신기한 뉴스 키워드: 동물 외교, 중국 판다, 푸바오 송환

푸바오는 왜 중국으로 가야만 했을까?

2024년 4월 3일, 판다 푸바오가 정든 한국을 떠나 중국으로 돌아갔어요. 푸바오는 '푸공주', '용인 푸씨' 등 다양한 애칭으로 불리며 '국민 판다'로 등극했었는데요, 푸바오는 왜 중국으로 가야만 했던 걸까요?

2014년 한국을 방문했던 중국 국가주석 시진핑은 판다 한 쌍을 한국에 선물할 것을 약속했고, 2016년 3월 3일에 판다 2마리가 에버랜드로 오게 되었어요. 한중 우호의 상징이 된 아이바오와 러바오는 2020년에 푸바오를 출산했지요.

중국은 정치적 목적으로 판다를 활용하고 있어요. 우호적 관계를 맺고 싶은 나라에 판다를 '대여'해 주는 '판다 외교'를 하는 것인데, 연간 100만 달러의 판다 임대료를 받고, 현지에서 태어난 판다는 4년 내에 송환되는 방식을 취하고 있습니다.

중국의 판다 외교처럼, 전 세계의 여러 나라는 희귀하고 귀한 동물을 외교에 사용해 왔어요. 한 외교 전문가는 "동물 외교는 미래를 내다보고 한 나라의 호감을 얻기 위한 방법 중 하나"라고 설명합니다.

하지만 푸바오의 입장에서 보면 어떨까요? 태어나고 자란 집과 정든 사육사와 이별한 채 완전히 새로운 환경으로 떠나는 것이지요. 쓰촨성은 '판다의 고향'으로 불리지만, 한국 동물원에서 나고 자란 푸바오에겐 생면부지의 땅일 수 있습니다. 인간의 이익을 위해 동물을 이용하는 것이기 때문에 동물을 외교의 수단으로 사용해서는 안 된다고 생각하는 사람들이 늘어나고 있어요.

개념 어휘
1. 등극: 어떤 분야에서 가장 높은 자리나 지위에 오름.
2. 우호: 친구가 되면서 사이가 서로 좋음.
3. 생면부지: 태어나서 만나 본 적이 없는 전혀 모르는 사람, 또는 그런 관계.

정리해 볼까요?

1. 중국은 판다를 외교에 어떤 방식으로 이용하나요?

2. 푸바오는 왜 중국으로 돌아가야 했나요?

3. 문단별 내용 정리
   1문단 : 국민 판다 '푸바오'의 중국 송환
   2문단 :
   3문단 :
   4문단 :
   5문단 :

생각해 볼까요?

4. 동물 외교는 오래전부터 있어 왔던 외교의 방식인데요, 이런 동물 외교에 대해 나는 어떻게 생각하는지 적어 봅시다.

2-2 우당탕 교과서   관련 단원: 6-2 세계 여러 나라의 자연과 문화

만부교에서 낙타 50필이 굶어 죽다!

앵커: 안녕하십니까. 요즘 고려를 떠들썩하게 만든 사건이 있습니다. 바로 만부교에서 낙타 50필이 굶어 죽은 '만부교 사건'인데요. 현장에 나가 있는 김 기자 연결해 보겠습니다.

기자: 안녕하십니까? '만부교 사건'이 일어난 현장, 만부교에 나와 있습니다.

앵커: 왜 낙타들이 만부교 다리에 묶이게 된 것인가요?

기자: 거란이 고려와 우호적인 외교를 맺기 위해서 사신 30명과 함께 낙타 50마리를 선물로 보냈는데요, 왕께서 이를 거부하신 것이죠. 사신 30명은 절도로 유배를 보내고, 낙타 50필은 개경 만부교 밑에 묶어 굶겨 죽이라는 명이 내려져 낙타들이 만부교에 묶이게 되었습니다.

앵커: 왜 그런 명을 내리신 걸까요?

기자: 왕께서는 발해를 멸망시킨 거란을 '금수의 나라'로 여긴 것 같습니다. 거란과 외교 관계를 맺지 않겠다는 강한 의지를 사신 유배와 낙타의 죽음으로 내보인 것으로 생각됩니다.

앵커: 그렇군요. 이 상황을 알게 된 거란의 분위기는 어떻습니까?

기자: 요나라 태종은 고려의 대처가 거란을 무시하는 것이라 여겨 격분했다고 합니다. 이 소식이 전해지자 양국의 긴장이 고조되고 있습니다. 고려 조정이 이 상황을 어떻게 풀어 갈지 귀추가 주목됩니다.

거란이 세운 요나라가 고려와 화친을 맺기 위해 사신 30명과 낙타 50필을 보냈으나, 왕건은 이를 받아들이지 않았다. 사신은 절도라는 섬으로 유배 보내고, 낙타는 만부교에 묶어 굶겨 죽였다. 이를 '만부교 사건'이라고 한다.

어휘 통통

송환

송환은 어떤 사람이나 물건을 본래 있던 곳으로 돌려보내는 것을 의미해요. '송환하다', '송환되다'와 같이 쓰여요. 원래의 의미는 사람이나 물건을 원래 있던 곳으로 돌려보내는 것을 말하지만, 확장된 의미로는 외국으로부터 불법으로 반출된 문화재나 범죄인을 본국으로 돌려보내는 것을 의미하기도 해요.

- 우리는 잃어버린 개를 주인에게 무사히 송환했다.
- 국제 협약에 따라 도난당한 문화재가 원래의 나라로 송환되었다.

1. '송환'의 '송(送)'은 '보내다'라는 의미로 쓰여요. 아래 낱말 상자에서 알맞은 단어를 찾아 문장을 완성해 보세요.

| 송금 | 송신 | 배송 | 송별 | 발송 |

① 온라인 쇼핑몰에서 주문한 물건이 (   )돼요.
② 우체국에서는 우편물이나 소포를 (   ) 해요.
③ 민아가 전학을 가서 우리는 교실에서 (   )회를 열었어요.
④ 해외로 (   )할 때는 주의해야 해요.
⑤ 라디오 송신기에서 신호를 (   )해요.

2-3 생각 쑥쑥! 배경 지식을 넓혀라

동물 외교에 이용된 세계의 동물들

기사 속 푸바오나 낙타는 동물 외교로 이용된 사례입니다. 그러면 다른 나라들도 동물 외교를 했을까요? 어떤 동물들이 동물 외교에 이용되었는지 좀 더 알아봅시다.

1. 중국 → 한국

판다 이외에 '따오기'도 동물 외교관입니다. 따오기는 중국의 국조로, 이명박, 박근혜 정부 때 따오기를 선물로 받았어요. 김영삼, 노무현 정부 때는 중국에서 백두산 호랑이를 받기도 했습니다.

2. 중국 → 미국

중국이 판다를 외교 수단으로 처음 활용한 것은 중일전쟁 시기인 1941년으로 거슬러 올라갑니다. 당시 일본과 전쟁을 치르고 있던 중국 국민당 정부의 장제스 총통은 중국을 지원해 주던 미국에 감사의 표시로 판다 한 쌍을 보냈어요. 하지만 판다 외교가
더 널리 알려진 것은 1972년의 일이에요. 당시 미국의 닉슨 대통령이 중국을 방문했을 때 판다를 선물한 것이지요. 이때부터 중국의 '판다 외교'가 알려지게 되었습니다.

3. 일본 → 한국

우리나라로 온 일본의 동물 외교관은 '레서판다'입니다. 레서판다는 2007년에 '한일 우호의 상징'으로 우리나라에 왔는데, 너구리를 닮은 얼굴에 곰처럼 두 다리로 서서 걷는 모양새가 정말 귀여운 동물이에요.

4. 일본 → 러시아

일본 동북부 아키타현의 사타케 노리히사 지사는 개를 좋아하는 것으로 유명한 푸틴 러시아 대통령에게 취임 축하 선물로 일본의 천연기념물인 아키타견을 보냈습니다. 동물 외교의 덕일까요? 당시 G20 정상 회의에서 일본과 러시아는 쿠릴열도 문제에 대한 협의를 재개하기로 합의하는 성과를 거두기도 했어요.

5. 역사 속 동물 외교

① 조선왕조실록에는 조선 태종 때인 1411년 일본 국왕 원의지가 태종에게 코끼리를 선물로 보냈다는 내용이 나와요. 코끼리를 선물로 받은 조선 왕실은 궁궐 안에서 말을 사육하는 기관인 '사복시'에서 맡아 기르도록 했지요. 하지만 공조전서 이우라는 사람이 코끼리에게 밟혀 죽자, 전라도 순천의 장도라는 작은 섬에 코끼리를 귀양 보냈어요. 이 코끼리는 당시 인도네시아에서 표류해 온 배에 타고 있던 동물이었는데, 일본은 코끼리를 선물하는 대가로 고려의 팔만대장경 판본을 원했다고 합니다.

② 일본 사서인 『속일본기』와 『일본서기』 등에 신라 사신이 일왕에게 개를 선물했다는 내용이 있어요. 중국 당나라 역사를 기록한 『당서』에도 당 현종이 신라 성덕왕에게 개를 선물했다는 내용이 남아 있습니다.

■ '동물 외교'의 장단점을 정리해 봅시다.

3-1 신기한 뉴스 키워드: 배달 앱, 배달비, 플랫폼 경쟁

배달비 0원 경쟁, 승자는 누가 될까?

국내 배달 플랫폼 업체들 간 점유율 전쟁이 다시 달아오르고 있습니다. 쿠팡이츠가 '배달비 0원'을 선언한 데 이어, 배민도 동선이 겹치는 곳을 묶어 배달하는 알뜰배달에 무료 혜택을 주겠다며 반격에 나선 것이지요. 그동안 배달비는 소비자와 음식점 점주가 절반씩 부담해 왔는데, 배달 플랫폼들이 소비자가 냈던 배달비를 대신 감수하겠다고 나선 거예요.

배달 플랫폼 업체 입장에서는 지금까지 내지 않던 비용을 내게 되어 큰 출혈이 예상됩니다. 그런데도 이런 정책을 실시하는 이유는 무엇일까요? 최근 소비자들의 비싼 배달비 등으로 인해 앱 이용이 저조해지자, 배달 플랫폼들이 소비자를 붙잡기 위해 취한 전략으로 보입니다.

하지만 이런 배달 앱 경쟁이 소비자의 편익으로 결론 날지는 의문이에요. 배달업체들이 배달비의 부담을 수수료 인상 등을 통해 음식점 점주에게 떠넘길 가능성이 높기 때문이지요. 그렇게 되면 음식점은 음식값을 올릴 수밖에 없으므로, 결국엔 무료 배달이 진짜 무료가 아니게 될 수도 있다는 지적이 나오고 있어요.

또 이후 배달 앱 경쟁에서 이긴 업체가 독점을 하게 되면, 그간의 손해를 메꾸기 위해 가격을 올리는 등 횡포를 부려도 '울며 겨자 먹기'로 참아야 할지도 모르는 상황이 올 수 있다고 전망하고 있어요.

이런 상황 속에서 배달업계 성장은 이미 둔화하는 중이에요. 배달 앱 3사 중 최후의 승자가 누구일지 궁금해지는 대목입니다.

개념 어휘
1. 점유율: 경쟁 시장에서 한 기업의 상품 판매량이 차지하는 비율.
2. 점주: 가게의 주인.
3. 독점: 혼자서 모두 독차지함.
4. 둔화: 느리고 무디어짐.

정리해 볼까요?

1. 배달 플랫폼 업체들이 '배달비 0원' 경쟁을 하는 이유는 무엇일까요?

2. 배달 앱 경쟁을 바라보는 부정적 입장을 정리해 봅시다.

3. 문단별 내용 정리
   1문단 : 배달 플랫폼 업체의 '배달비 0원' 경쟁
   2문단 :
   3문단 :
   4문단 :
   5문단 :

생각해 볼까요?

4. 배달 플랫폼 업체들이 배달비를 대신 감수하는 상황에서 음식점 점주들은 어떤 전략을 취해야 할까요?

3-2 우당탕 교과서   관련 단원: 6-1 기업의 합리적 선택

조선 라이더스, 효종갱 배달 시작!

김기자: 안녕하십니까. 요즘 장안의 화제, 큰 인기를 끌고 있는 광주 남한산성의 효종갱 국밥집에 나와 있습니다. 사장님, 효종갱은 어떤 음식인가요?

사장님: 안녕하세유. 효종갱은 새벽 효(曉), 쇠북 종(鐘), 국 갱(羹) 자를 쓰는 음식이에유. 콩나물과 배추속대에 송이버섯과 표고버섯, 소갈비, 해삼, 전복을 넣고 하루 종일 푹 끓여서 만들고 있어유.

김기자: 최근에 배달 서비스를 시작하셨다고 들었습니다.

사장님: 양반들이 주요 고객이유. 밤새 술을 마시고 새벽에 해장용으로 먹는 거쥬. 노비들이 낮에 와서 주문해 놓으면, 우리가 자정쯤 출발해서 새벽에 따뜻하게 드실 수 있게 배달하고 있어유.

버섯과 갈비, 전복 등을 넣어 만든 효종갱

김기자: 따뜻하게 배달할 수 있는 사장님만의 노하우가 있으신가요?

사장님: 여기 경기도 광주에서 서울까지 걸어가야 되니께 시간이 4~5시간 걸려유. 그동안 식으면 안 되서 효종갱 넣은 항아리를 솜에 꽁꽁 싸서 보내지유.

김기자: 아~ 보통 노력이 아니네요. 그러면 가격은 어떻게 되나요?

사장님: 비밀이유. 하지만 재료도 좋고, 우리가 걸어갔다 오는 인건비를 생각해 보면 싼 음식은 아니겠쥬? 오죽하면 별명이 '북촌갱'이겠슈~ 호호호.

조선 시대 『해동죽지』라는 책을 보면, "광주성 안에서는 효종갱을 잘 끓인다. 밤에 국 항아리를 솜에 싸서 서울로 보내면 새벽종이 울릴 때쯤 재상 집에 이른다"는 구절이 나온다.

어휘 통통

독점과 과점

1) 독점
　독점은 한 회사가 어떤 상품이나 서비스를 혼자서 팔고 있는 상태를 말해요. 쉽게 말해, 그 상품이나 서비스를 특정 회사에서만 살 수 있는 거예요. 만약 우리 동네에 하나뿐인 아이스크림 가게가 있다면, 그 가게는 독점이에요. 아이스크림을 먹고 싶으면 그 가게에 갈 수밖에 없기 때문에, 그 가게가 아이스크림 값을 마음대로 정하기 쉬워요.

2) 과점
　과점은 몇몇 큰 회사들이 어떤 상품이나 서비스를 함께 팔고 있는 상태를 말해요. 독점보다는 선택지가 많지만, 그래도 몇 개의 큰 회사들이 시장을 나누어 가지고 있는 거예요. 만약 우리 동네에 아이스크림 가게가 3개 있다고 한다면, 이 가게들은 서로 경쟁을 하면서 아이스크림을 팔겠지요. 이 세 가게가 과점 상태인 거예요.
　과점 상태에서는 가게들이 서로 경쟁하니까 아이스크림 값이 너무 비싸지 않게 유지될 가능성이 커요. 하지만 가게들이 서로 짜고 가격을 올리는 경우가 생길 수도 있어요.

---

1. 다음 문장을 읽고, '독점'과 '과점' 중 하나를 골라 적어 보세요.
    - 한 회사가 시장을 지배하고 다른 경쟁자가 없는 것은 (　　　　　) 상태예요.
    - 우리 동네에 큰 슈퍼마켓이 2개 있어서 이 두 회사가 서로 경쟁하며 물건을 파는 상황은 (　　　　)이에요.
    - (　　　　) 상태에서는 소비자들이 물건을 살 때 선택지가 없기 때문에 가격이 비싸질 수 있어요.

3-3 생각 쑥쑥! 배경 지식을 넓혀라

역사 속 배달 문화

여러분도 종종 음식을 배달해서 먹지요? 조선 시대에도 배달 음식이 있었다니 신기하지 않나요? 그렇다면 또 다른 역사 속 배달 문화는 무엇이 있을까요?

1. 우리나라 최초 배달 음식, 냉면

조선 후기 실학자인 황윤석의 『이재난고』에는 이런 구절이 있어요. "과거시험을 본 다음 날 점심에 일행과 함께 냉면을 시켜먹었다."(1768년 7월)

2. 배달 음식 인기 메뉴, 효종갱

앞의 글에 나온 효종갱은 전복, 해삼, 소갈비에 송이버섯까지 넣고 끓인 보양 음식이었어요. 주막에 가기 꺼려 했던 신분이 높은 관리들이 일찍 출근하기 전에 숙취 해소를 위해 배달을 해서 먹었던 음식이었지요.

3. 첫 출장 뷔페, 명월관

1906년 7월 14일 일간 신문인 《만세보》에 "각 단체의 회식이나 시내 외 관광, 회갑연과 관혼례연 등 필요한 분량을 요청하시면 가까운 곳, 먼 곳을 가리지 않고 특별히 싼 가격으로 모시겠습니다"라는 광고가 등장해요. 명월관은 조선 시대 궁중요리를 전문으로 한 최초의 요리점이에요.

명월관

4. 일제 강점기 인기 음식, 설렁탕

일제 강점기에 접어든 후에는 냉면과 설렁탕이 주요 배달 품목으로 떠올랐어요. 거기에 속도를 더할 수 있는 자전거, 주문을 할 수 있는 전화가 도입되면서 음식 배달은 더욱 발전하게 되었지요. 여름철에는 냉면이 상대적으로 많은 주문을 받았고, 찬바람이 부는 겨울에는 따끈한 국물로 속을 달래줄 수 있는 설렁탕이 인기를 끌었다고 해요. 1925년 8월 19일 자《조선일보》의 4컷 만화 '멍텅구리'에서는 한 손으로 자전거 핸들을 잡고, 다른 한 손으로 설렁탕 그릇이 다섯 단 정도 쌓인 쟁반을 받치고 가는 배달부의 모습이 그려져 있어요.

5. 빵 배달

군산의 대표적인 제과점인 '이즈모야'의 경우에도 자전거에 빵을 싣고 배달을 가는 조선인 직원들이 있었어요.

6. 다른 나라 음식 배달

① 12세기 중국 송나라 화가 장택단이 그린 〈청명상하도〉를 보면 앞치마를 두른 사람이 그릇을 들고 이동하거나, 음식이 담긴 것으로 추정되는 상자를 들고 어디론가 바쁘게 움직이는 모습을 볼 수 있어요.

② 일본에서는 17세기 에도(도쿄의 옛 이름)에 큰불이 나 도시의 70% 이상이 불타 버린 일이 있었는데, 이 사건 이후 도시를 다시 지으려고 모인 노동자들의 식사를 위해 배달 서비스가 등장했다고 해요.

③ 서양에서 배달에 대한 최초 기록은 1889년 이탈리아의 기록이에요. 당시 이탈리아 왕과 왕비가 '피에트로 에 바스타'라는 피자 가게에서 신제품을 배달시켜 먹었다는 기록이 남아 있어요.

■ 미래의 배달 문화는 어떻게 발전할 것 같나요?

4-1 신기한 뉴스 키워드: 드론 택시, 교통수단

미래 운송 수단인 드론 택시

기술이 발달하면서 종래에는 실현하기 힘들었던 교통수단들이 현실이 되어 나타나고 있어요. 고속철도와 전기차는 이미 상용화된 지 오래고, 자율 주행 자동차도 발전을 거듭하고 있습니다. 그리고 또 하나 새롭게 등장한 교통수단이 바로 드론 택시예요.

서울시와 국토교통부가 도심 항공 교통(UAM)을 상용화하는 계획을 발표했는데, UAM이란 드론 택시와 플라잉카 등을 포함한 '도심 항공 모빌리티'를 의미해요. 즉 활주로가 필요 없는 전기식 비행체이면서 드론처럼 기체 윗부분에 프로펠러를 여러 개 단 소형 수직 이착륙기를 말해요.

드론 택시는 시속 160~240km여서 도심의 교통 정체를 피해 빠르게 목적지까지 도달할 수 있다는 장점이 있어요. 용인 터미널에서 서울 광화문역까지 약 15분 만에 이동할 수 있다고 하네요. 고급 비즈니스 수요, 응급환자 수송, 장기 이식을 위한 빠른 배달에도 도움이 될 전망이에요.

또 전기를 동력으로 쓰기 때문에 오염물질을 내뿜지 않지요. 환경오염을 막고 소음과 진동도 줄일 수 있기 때문에, 앞으로의 사업성을 기대할 수 있어요.

도심 항공 모빌리티의 핵심 인프라는 '버티포트'예요. 이는 플라잉카, 에어택시 등 수직 이착륙 항공기들이 이착륙을 하거나 정비를 할 수 있는 장소를 말합니다. 여러 기업들과 지자체들이 속속 버티포트 건설 계획에 착수하면서, 드론 택시가 새로운 이동 혁명을 가져올 것으로 기대하고 있어요.

드론 택시

개념 어휘

1. 자율 주행: 운전자가 직접 운전하지 않고, 차량 스스로 도로에서 달리게 하는 일.
2. 착수하다: 어떤 일에 손을 대다. 또는 어떤 일을 시작하다.

정리해 볼까요?

1. 도심 항공 교통(UAM)은 무엇인가요?

2. 드론 택시의 장점을 정리해 봅시다.

3. 문단별 내용 정리

   1문단 : 새로운 교통수단으로 등장한 드론 택시

   2문단 :

   3문단 :

   4문단 :

   5문단 :

생각해 볼까요?

4. 미래에는 또 어떤 교통수단이 생길까요? 상상해서 적어 보세요.

4-2 우당탕 교과서 관련 단원: 3-1 교통과 통신수단의 변화

[심층분석]
비싸도 인기 있는 세마꾼과 마계전

1845년 7월, 취재 기자 OOO

말을 빌려주며 종합서비스를 하는 세마꾼과 말을 빌려주는 가게인 마계전이 호황을 누리고 있다.

현재 말 한 필의 가격은 노비보다 더 비싸다. 노비 한 명을 면포 150필 정도면 사고팔 수 있는데, 말은 그 3배에 달하는 400~500필을 줘야 살 수 있고, 말을 먹이고 관리하는 데 비용이 또 들기 때문에 양반들도 모두 가질 수 없는 것이 현실이다.

하지만 양반과 양반 부녀자들이 걸어 다닐 수도 없는 노릇. 태종 대에 사대부 집안 여자들이 천한 무리들에 뒤섞여 거리를 활보하는 것이 좋지 않으니, 말을 타고 다녀야 한다는 논의가 있은 뒤부터 부녀자들이 말을 타고 다니는 모습은 아주 흔한 풍경이 되었다.

사정이 이렇다 보니 말을 대여해 주는 세마꾼과 가게인 마계전이 열풍이다. 세마를 내면 견마잡이라는 말몰이꾼도 함께 오는데, 이용해 본 손님들은 '견마잡이가 훌륭한 길잡이 노릇을 해 준다', '물건이나 편지를 보낼 때도 직접 가지 않고 세마를 보낼 수 있어서 편하다', '급한 환자를 세마에 태워 의원에게 보낸 적이 있다' 등 좋은 점이 많다고 입을 모았다. 나라에서도 가끔 역마가 부족하거나 중국으로 사행을 갈 때 세마꾼을 이용한다고 하니 과연 '조선판 종합 운수 사업가'라고 할 수 있을 정도다.

하지만 비용적인 측면의 단점도 있다. "세마 세 필을 내었는데 열 냥이나 들었어요. 집에 돈이 턱없이 모자라서 친척에게 빌렸는데 비용이 부담되어 마음이 편치 않습니다"라며 이용에 부담을 느끼는 양반도 늘고 있는 실정이다.

어휘 통통

운송 vs 수송 vs 배송

1) **운송**: 운송은 주로 사람이나 화물을 한 장소에서 다른 장소로 이동시키는 행위를 말해요. 수송과 배송을 포함하는 단어예요.
2) **수송**: 선박(배), 항공기와 같은 이동수단을 통해 물품을 장거리로 이동시키는 경제적 활동을 말해요.
3) **배송**: 물품을 트럭, 차량과 같은 수단을 통해 단거리로 이동시키는 경제적 활동을 의미해요. 고객이 회사나 가게의 물건을 산 경우, 주문한 물품을 전달할 때 많이 사용하는 방식입니다.

1. 다음 중 '수송'에 해당하는 예시를 고르세요.
   ① 택배 회사가 고객에게 소포를 배달하는 과정
   ② 항공사를 통해 물품을 다른 나라로 보내는 과정
   ③ 지역 내에서 상점에 물품을 전달하는 과정

2. 다음 문장을 읽고, '운송', '수송', '배송' 중 하나를 골라 적어 보세요.
   - 온라인 쇼핑몰은 주문받은 상품을 고객에게 (　　　　)하기 위해 트럭을 사용해요.
   - 항공 (　　　　)은 신속하게 국제적으로 물품을 이동시킬 수 있는 방법이에요.
   - 대형 컨테이너 선박은 전 세계적으로 제품을 (　　　　)하는 데 중요한 역할을 해요.

4-3 생각 쑥쑥! 배경 지식을 넓혀라

옛날에는 뭘 타고 다녔을까?

하늘을 나는 드론 택시라니 공상 과학 영화에서 보던 장면이 현실이 되는 날이 얼마 남지 않은 것 같아요. 그러면 옛날에는 어떤 교통수단을 사용했는지 살펴볼까요?

1. 말

빠르게 이동해야 할 경우에나 장거리를 이동할 때 말을 이용했어요. 그뿐만 아니라 말은 국가를 운영하는 데 중요한 역할을 담당했지요.

2. 가마

가마란 사람을 태우고 앞뒤로 들고 다니던 이동수단이에요. 신분제도가 엄격했던 조선 시대에는 자신의 신분을 넘어서는 가마를 타면 처벌을 받았어요.

네 명이 메는 사인교

① **연**: 왕, 왕비, 왕세자가 타던 가마로 좌우와 앞에 구슬을 꿰어 만든 발이 있고 헝겊은 비늘 모양으로 늘어져 있어요.
② **옥교**: '옥으로 만든 가마'로 왕이나 왕비, 고위 관료들이 사용하던 가마예요.
③ **덩**: 공주와 옹주가 타던 가마로 사대부집에서는 혼인할 때 사용했어요.
④ **평교자**: '평평한 가마'라는 뜻으로 두 명 이상의 하인이 가마를 멨어요.
⑤ **남여**: 주로 여성들이 사용한 가마로 특히 신부가 결혼식 때 탔어요.
⑥ **쌍가마**: 말이 끄는 가마로 조선 후기에 등장해요.

3. 뗏목

뗏목은 벌목한 나무를 엮어 만든 이동 수단이에요. 육상 교통이 발달하지 않았던 시절에는 나무를 잘 묶은 다음 강에 띄워서 최종 목적지까지 운반을 했지요.

4. 돛단배

배에 돛을 달아 바람의 힘으로 움직이는 배를 말해요. 주로 해상 교통에 사용됐어요.

5. 전차

우리나라 최초의 전차는 1899년 5월 서울에서 처음 개통됐어요. 오늘날의 서대문과 청량리를 오갔는데, 그때는 정거장이 따로 없이 승객의 요구에 따라 승하차가 이루어졌어요. 그래서 짚신을 벗어서 들고 타는 사람들도 많았다고 해요.

6. 증기기관차

수증기의 힘을 이용해서 움직이는 기차예요. 영국에서 최초로 발명되어 세계 각국으로 퍼져 나갔어요.

서울에 개통된 전차 모습

7. 증기선

증기선은 증기기관을 동력으로 사용하는 배를 말해요. 18세기 말에서 19세기 초에 걸쳐 발명되고 널리 사용되기 시작하면서, 해상 교통과 무역에 큰 변화를 가져왔어요.

■ 여러분이 과거로 간다면, 어떤 교통수단을 이용해 보고 싶나요?

5-1 신기한 뉴스 키워드: 중독, 숏폼, 디지털 마약

숏폼 중독이 늘고 있다

 '숏폼'은 1분 안쪽 분량의 영상을 뜻하는 말로, 유튜브 쇼츠, 인스타그램 릴스, 틱톡 등이 대표적인 플랫폼입니다.

 숏폼이 대세가 된 이유는 여러 가지가 있어요. 우선 영상 시간이 짧아 지루함이 느껴지지 않아요. 화면만 쓸어 넘기면 다음 영상이 나타나는 재생 방식, 모바일에 적합한 세로형 영상이라는 점들도 한몫하지요. 무엇보다 단순하고 직접적이에요. 앱을 켜기만 하면 별다른 생각이나 노력을 하지 않고도 손쉽게 무한정으로 영상을 볼 수 있어요.

 그러다 보니 숏폼 중독 문제는 큰 사회 문제가 되고 있습니다. 지난 2월 미국 뉴욕시는 SNS 중독이 청소년 정신 건강에 악영향을 미친다며, 틱톡, 인스타그램, 페이스북, 유튜브, 스냅챗 등을 상대로 손해배상 소송을 제기했어요. '담배, 총기와 마찬가지로 SNS는 공중 보건 위험 요소'라고 규정하기도 했지요.

 그렇다면 숏폼은 우리 뇌에 어떤 영향을 끼치는 걸까요? 의학계에서는 숏폼이 '팝콘 브레인' 효과를 유발한다고 우려해요. 팝콘 브레인이란 팝콘이 터지는 듯한 빠르고 강력한 자극에 뇌가 익숙해지는 탓에, 상대적으로 느리고 약한 현실의 자극에는 무감각해지는 현상을 말해요.

 '도파민 중독'도 부작용 중 하나이지요. 쾌감 호르몬인 도파민을 유지하기 위해 숏폼 시청을 끊기가 힘들기 때문입니다. 청소년기의 경우 강한 자극에 익숙해지면 대인 관계나 학업이 단조롭게 느껴질 수도 있어요. 이것이 바로 숏폼이 현대판 신종 마약이자 디지털 마약이라고 불리는 이유예요.

개념 어휘
1. 숏폼: 짧은 영상으로 이루어진 콘텐츠.
2. 팝콘 브레인: 강한 자극이 넘쳐 나는 첨단 디지털 기기의 화면 속 현상에만 반응할 뿐 다른 사람의 감정이나 느리게 변화하는 진짜 현실에는 무감각해진 뇌.

정리해 볼까요?

1. 숏폼이란 무엇인가요?

2. 숏폼이 우리 뇌에 끼치는 악영향에는 어떤 것들이 있나요?

3. 문단별 내용 정리

   1문단 : 숏폼의 의미

   2문단 :

   3문단 :

   4문단 :

   5문단 :

생각해 볼까요?

4. 숏폼 영상의 특성과 관련하여, 숏폼 중독이 청소년의 학업 성취에 어떤 영향을 미치는지 적어 봅시다.

5-2 우당탕 교과서 관련 단원: 4-2 사회 변화와 문화 다양성

조선에서 온 정조의 편지

사랑하는 어린이 친구들에게

안녕? 나는 조선의 22대 왕, 정조야. 나는 한때 남령초라 불리던 담배를 아주 좋아했단다. 나는 나랏일을 꼼꼼히 챙기느라 마음과 몸에 피로가 쌓이고 늘 가슴속이 답답해 뜬눈으로 밤을 지새울 때가 많았어. 이를 치료하려고 온갖 방법으로 약을 구해 봤지만, 오직 남령초에서만 힘을 얻을 수 있었거든. 그래서 주변 사람들에게 담배의 장점을 이야기하고 다녔고 시험 문제로 '그대들은 들은 것을 모두 동원해 남령초의 이로운 점을 자세히 증명해 보라'고 낸 적도 있었지. 하지만 시간이 지나면서 나는 담배의 실체를 알게 되었단다.

상상으로 그린 정조의 어진

담배는 우리의 건강을 해치고, 마음을 어지럽히며, 정신을 혼란스럽게 만들지. 나의 아버지인 영조 때에도 많은 학자들이 담배가 해롭다고 말했어. 특히 이익이라는 실학자는 담배가 머리카락을 희게 만들고, 이를 빠지게 하며, 몸을 약하게 한다고 했단다. 뛰어난 학자인 이덕무도 담배를 아주 나쁜 것이라고 생각했어. 그는 부모가 자식에게 담배를 가르치는 것은 무식한 행동이며, 자식이 부모의 말을 듣지 않고 담배를 피우는 것은 버릇없는 행동이라고 했어. 또한 인조실록에도 담배가 몸에 해롭고 끊기 어려운 요망한 풀이라고 기록되어 있단다.

이런 말들을 들으면서 나는 점점 담배가 얼마나 나쁜지 깨닫게 되었어. 그래서 어린이 친구들에게 건강하고 행복한 삶을 위해 중독성이 강한 담배는 가까이하지 말라고 부탁하고 싶어. 나처럼 후회하는 일이 없도록 말이야.

우리나라에 담배가 처음 들어온 것은 광해군 때인 1616~1617년 무렵으로 추정된다. 조선왕조실록에는 이 무렵에 담배가 바다를 건너왔는데, 1622년경부터는 피우지 않는 사람이 없을 정도로 인기가 높았다고 기록되어 있다.

어휘 통통

'중독'과 관련된 속담 알기

1) 과유불급
'지나침은 모자람만 못하다'라는 뜻으로 중독이나 과도한 행동이 결국 해가 될 수 있음을 경고하는 말이에요.

2) 작은 불씨가 큰불을 일으킨다
작은 습관이나 행동이 큰 문제로 발전할 수 있음을 경고하는 말이에요.

1. '자극'은 어떤 반응을 일으키게 하는 힘이나 작용을 의미해요. 다음 문장 중 '자극'의 뜻이 다르게 사용된 문장을 골라 보세요.
   ① 그 영화는 많은 사람들에게 강한 자극을 주었다.
   ② 그 책은 자극적인 내용을 포함하고 있다.
   ③ 자석의 자극에 작은 핀들이 빠르게 끌려갔다.
   ④ 매운 음식을 먹으면 혀에 자극이 느껴진다.
   ⑤ 그의 말은 나에게 큰 자극이 되었다.

2. 다음 단어의 관계가 나머지와 다른 하나를 고르세요.
   ① 빠르다 - 느리다
   ② 강하다 - 약하다
   ③ 간단하다 - 복잡하다
   ④ 자극하다 - 건드리다

3. '과유불급'이 들어가도록 문장을 만들어 보세요.

5-3 생각 쑥쑥! 배경 지식을 넓혀라

전쟁의 불씨가 된 아편 이야기

숏폼이 디지털 마약이라 불리고, 정조 임금이 담배에 빠졌던 것처럼 무엇인가에 중독이 되는 것은 참 무서운 일이에요. 그중 역사적으로 큰 문제가 되었던 사건이 있는데, 바로 '아편전쟁'이에요.

아편전쟁은 19세기 중반에 중국과 영국 사이에 일어난 전쟁이에요. 이 전쟁은 두 차례에 걸쳐 일어났는데, 첫 번째는 1839년부터 1842년까지, 두 번째는 1856년부터 1860년까지 일어났지요.

그런데 왜 전쟁의 이름이 '아편' 전쟁일까요? 이야기의 시작은 중국과 영국이 무역을 할 때로 거슬러 올라가요. 당시 중국은 차, 비단, 도자기 같은 귀한 물건들을 영국에 팔았어요. 영국 정부는 관세를 높여 중국으로부터의 차 수입을 줄이려 했지만, 수입량은 계속 늘어나기만 했지요. 영국도 중국에 물건을 팔고 싶었지만, 팔 만한 물건이 별로 없었어요. 그래서

아편전쟁을 기록한 그림

영국은 아편이라는 약물을 중국에 팔기 시작했어요. 아편은 양귀비라는 식물에서 추출한 약물로, 사람들을 중독시키고 건강에 해로운 영향을 끼쳐요. 우리가 마약이라고 부르는 물질이지요.

중국 사람들은 아편에 중독되기 시작했고, 이것은 큰 문제가 되었어요. 심각성을 느낀 중국 정부는 아편의 수입을 막기 위해 노력했지만, 영국은 계속해서 아편을 중국에 팔았어요. 결국, 중국 정부는 1839년에 광저우라는 도시의 항구에서 영국의 아편을 몰수하고 불태워 버렸어요. 이 사건이 첫 번째 아편전쟁의 시작이었지요.

약 3년간 지속된 전쟁은 중국의 패배로 끝났어요. 영국과 중국은 난징조약이라는 조약을 맺게 되었지요. 이 조약으로 중국은 영국에게 '홍콩'이라는 섬을 넘겨주고, 여러 항구를 열어 영국과 무역을 해야 했어요. 그리고 영국은 중국에 많은 돈을 요구했지요.

하지만 여기서 끝난 게 아니에요. 1856년에 두 번째 아편전쟁이 시작되었는데 이번에는 영국뿐만 아니라 프랑스도 중국과 싸웠어요. 두 번째 아편전쟁도 중국의 패배로 끝났고, 그 결과 베이징조약이 체결되었어요. 이 조약으로 중국은 더 많은 항구를 열고, 외국인들에게 더 많은 권리를 줘야 했지요.

이렇게 아편전쟁은 두 나라 사이의 무역 문제와 아편이라는 약물 중독으로 인해 시작된 전쟁이었고, 중국에 큰 변화를 가져왔어요. 중국은 외국의 힘에 의해 강제로 교역의 문을 열게 되었고, 많은 사람들이 고통을 겪었어요. 이 전쟁은 중국이 현대화되는 과정에서 꼭 알아야 할 중요한 사건 중 하나예요.

■ '아편'으로 중국인을 중독시켜서 원하는 것을 얻고자 한 영국의 행동에 대해 평가를 내려 보세요.

6-1 신기한 뉴스 키워드: 가격, 금사과, 애그플레이션

금사과, 32년 만의 과일값 폭등

최근 대형 마트 등에서 사과 10개당 가격이 3만 원대로 올라 서민들의 걱정이 커졌어요. 이는 1년 전(2만 3,063원)보다 30%가량 오른 가격이지요. 작년 작황 부진으로 사과 생산이 30%나 줄었는데, 여기서 시작된 과일 가격 급등세가 계속 이어지는 중이에요.

농산물은 가격 탄력성이 낮은 재화입니다. 농산물 값이 오르든 내리든 수요가 일정하다는 뜻이에요. 흉년으로 배춧값이 올라도 사람들은 김치를 담그고, 쌀값이 올라도 밥은 먹어야 하기 때문이에요. 반대로 농산물 가격이 내렸다고 해서 채소와 과일을 집에 무더기로 쌓아 두지도 않지요.

그런데 최근 양상이 달라지고 있어요. 가격이 올라도 너무 올랐기 때문이에요. 사과 2~3알에 1만 원이 넘으면서 언감생심 그림의 떡이 되었고, 비싸진 사과 대신 귤에 대한 수요가 늘면서 귤값까지 오르고 있어요. 애그플레이션이 현실화되고 있는 실정입니다.

애그플레이션이란 '농업(agriculture)'과 '인플레이션(inflation)'을 합성한 신조어로, 농산물 가격 상승이 다른 물가까지 오르게 하는 현상을 말해요.

이렇게 사과 가격이 오른 이유는 무엇일까요? 우선 기후 위기 탓이 큽니다. 성장기 가뭄, 수확 시기 장마, 이상 고온으로 인한 병충해 등으로 매해 농산물 수확에 빨간불이 켜진 지 오래되었어요. 특히 금년 사과의 경우, 봄철 이상 고온으로 꽃이 일찍 핀 뒤 한파가 몰아치는 바람에 꽃이 죽어 버려서 열매를 맺지 못한 탓이 크다고 해요. 가격을 안정화시키는 장기적인 분석과 대책이 필요한 시점이에요.

개념 어휘
1. 작황: 농작물이 잘되거나 못되는 상황.
2. 가격 탄력성: 상품의 가격이 달라질 때 그 수요량이나 공급량이 변화하는 정도.
3. 재화: 사람이 바라는 바를 충족시켜 주는 모든 물건.

정리해 볼까요?

1. 애그플레이션이란 무엇인가요?

2. 사과 가격이 오른 까닭은 무엇인가요?

3. 문단별 내용 정리

    1문단 : 과일 가격 급등세
    2문단 :
    3문단 :
    4문단 :
    5문단 :

생각해 볼까요?

4. 기후 위기가 식량 위기까지 불러올 수 있다는 전망이 나오고 있어요. 이런 상황을 막기 위해 우리는 어떤 대책을 세워야 할까요?

6-2 우당탕 교과서 관련 단원: 6-1 우리나라의 경제 발전

새마을운동의 글로벌 확산

기자: 안녕하세요, 오늘은 새마을운동을 배우러 오신 존 카마우 씨, 새마을운동 관계자 김영수 씨를 모시고 인터뷰를 진행하겠습니다. 먼저 카마우 씨, 한국에 오신 이유가 무엇인가요?

존: 저는 탄자니아에서 왔어요. 새마을운동이 1970년대 한국 농촌을 근대화하고 경제 발전을 이끌었다는 이야기를 듣고 우리나라에도 적용해 보고자 공부하러 왔습니다.

기자: 그렇군요. 김영수 씨, 새마을운동이 시작된 배경과 주요 성과에 대해 설명해 주시겠어요?

김: 네, 새마을운동은 1970년부터 시작된 범국민적 지역 사회 개발 운동이에요. 근면·자조·협동의 기본 정신을 바탕으로 정부 주도로 추진되었고, 농촌 주택 개량과 소득 증대 사업을 통해 낙후된 농촌에 활기를 불어넣었죠. 이 운동은 공장·학교·도시·직장 등 사회 전체로 확산되어, 70년대 '한강의 기적'을 이루기도 했어요.

기자: 카마우 씨, 새마을운동의 어떤 점이 특히 인상 깊었나요?

존: '뭔가 해 보겠다'는 강한 의지를 가진 사람들을 선별해서 지원하는 방식이 성공의 열쇠였다고 생각해요. 또 정치적 이용을 철저히 배제하고 근면 자조 협동의 정신을 강조한 점도 인상 깊었습니다.

기자: 새마을운동이 국제 사회에서 인정받게 된 계기는 무엇인가요?

김: 2000년 이후 유엔이 새마을운동을 성공적인 지역 사회 개발 운동 모델로 인정했어요. 이후 캄보디아, 라오스, 탄자니아, 콩고 등 여러 나라에서 이를 자신들의 지역 사회 발전에 적용하려는 노력을 하고 있습니다.

기자: 카마우 씨, 이번 한국 방문에서 얻은 가장 큰 교훈은 무엇인가요?

존: 새마을운동의 핵심은 사람들의 의식 변화와 공동체의 협력이라고 생각해요. 우리나라에도 긍정적인 변화를 이끌어 내고 싶습니다.

새마을운동기념 부채

어휘 통통

가격 탄력성, 수요, 공급

1) **가격 탄력성** : 물건의 가격이 올라가거나 내려갈 때 사람들이 그 물건을 얼마나 많이 사는지를 나타내는 것이에요. 예를 들어, 아이스크림 가격이 올라가면 사람들이 아이스크림을 많이 사지 않게 되는데, 이것은 가격 탄력성이 큰 것이에요. 하지만 쌀은 가격이 올라가도 사람들이 계속 많이 살 수밖에 없기 때문에 가격 탄력성이 낮다고 할 수 있어요.

2) **수요**: 사람들이 물건을 얼마나 사고 싶어 하는지를 말해요. 보통 가격이 내려가면 사람들이 더 많이 사고 싶어 하고, 가격이 올라가면 사람들이 덜 사고 싶어 하지요.

3) **공급**: 가게나 회사들이 물건을 얼마나 많이 파는지를 말해요. 이처럼 가격 탄력성, 수요, 공급은 물건의 가격 변화에 따른 사람들의 구매 행동을 설명하는 중요한 개념이에요.

1. 서로 관련이 있는 것끼리 연결하여 보세요.

① 언감생심 ・   ・㉠ 아무리 갖고 싶어도 차지하거나 이용할 수 없는 것

② 가격 탄력성・   ・㉡ 감히 그런 마음을 품을 수도 없다는 뜻

③ 그림의 떡 ・   ・㉢ 농작물이 잘되고 못되는 상황

④ 작황 ・   ・㉣ 상품의 가격 변화에 따른 수요량의 변화 정도를 나타내는 것

6-3 생각 쑥쑥! 배경 지식을 넓혀라

○○플레이션, 뭐가 있을까?

앞서 기사를 통해 사과 가격이 오르면서 다른 과일값까지 오르는 애그플레이션에 대해 알아보았지요. '○○플레이션'이라는 경제 용어를 좀 더 알아볼까요?

1. 인플레이션 (Inflation)

화폐 가치가 하락해 물가가 지속적으로 상승하는 현상을 말해요. 인플레이션은 '바람을 불어넣다' 또는 '팽창시키다'라는 뜻의 인플레이트(inflate)의 명사형이지요. 시중에 돈의 양이 늘어나는 것을 경제에 바람을 불어넣는 것으로 보았기 때문에 붙여진 이름이에요.

2. 디플레이션(Deflation)

인플레이션과 반대로 물가가 지속적으로 하락하는 현상을 말해요. '바람을 빼다' 또는 '수축시키다'는 의미를 가진 디플레이트(deflate)의 명사형이지요. 경제 전반적으로 상품과 서비스의 가격이 지속적으로 하락하는 현상은 경기 침체로 이어져요.

3. 스태그플레이션(Stagflation)

불경기를 뜻하는 단어 '스태그네이션(Stagnation · 경기 침체)'과 '인플레이션'의 합성어예요. 경제가 침체된 상황에서 물가 상승이 '동시에' 발생하는 것으로 저성장, 고물가 상태를 말해요.

4. 애그플레이션(Agflation)

농업(agriculture)과 인플레이션(inflation)을 합성한 신조어로, 곡물가의 상승으로 일반 물가도 오르는 현상을 말해요.

5. 슈링크플레이션(Shrinkflation)

'줄어들다(Shrink)'와 '인플레이션(Inflation)'을 합친 말로, 기존 제품의 가격은 그대로 두면서 크기와 중량을 줄여 물건의 질이 나빠지는 현상을 말해요. 겉보기엔 빵빵한데 과자 양이 줄어서 논란이 되었던 '질소 과자'가 대표적인 사례예요.

6. 하이퍼인플레이션(Hyperinflation)

'하이퍼(hyper)'라는 말은 '최고의, 초과하는' 등을 뜻하는 접두사로, 단기간에 발생하는 심한 물가 상승 현상을 뜻하는 용어예요. 통제가 불가능할 정도로 극심한 상황을 말하며, '초인플레이션'이라고도 해요.

7. 그린플레이션(Greenflation)

친환경을 뜻하는 '그린(Green)'과 물가가 상승하는 '인플레이션(Inflation)'의 합성어로, 인류가 기후 변화에 대응하기 위해 노력할수록 전반적인 비용이 상승하는 역설적인 상황을 의미해요.

8. 바이플레이션(Biflation)

인플레이션(Inflation)과 디플레이션(Deflation)이 동시에 일어나는 경제적인 현상이에요. 예를 들어 수도권에서는 집값이 떨어지고 거래량이 줄어드는 디플레이션 현상이, 비수도권에선 집값이 올라가고 거래량이 늘어나는 인플레이션 현상이 동시에 진행되고 있다면, 이는 바이플레이션이 발생하고 있는 것이지요.

■ 여러분이 경험해 본 '○○플레이션'이 있으면 구체적인 예를 들어 설명해 보세요.

7-1 신기한 뉴스 키워드: 인권, 노OO존, 사회적 약자

'노○○존' 성행하는 한국

최근 '노키즈존', '노시니어존'에 이어 새로운 출입 금지 구역이 생겨 논란이 되고 있어요. 인천의 한 헬스장에서 '아줌마 출입 금지' 공지를 붙인 것이지요. 헬스장은 중년 여성들이 탈의실 비품을 마음대로 가져가거나 샤워장에서 빨래를 하는 등 무례한 행동을 하는 바람에 헬스장 운영에 피해가 됐기 때문이라고 해명했어요.

이 사례는 외국에서도 화제가 되었어요. BBC는 한국 사회에서 '노키즈존', '노시니어존'에 이어 '노아줌마존'까지 생기고 있는 현상을 보도하면서, "한국 사회 일부 구성원은 특정 연령층에 대한 편견을 가지고 있다"고 평가했어요.

그동안 '노키즈존'은 투표권도 경제력도 없는 약자에 대한 차별이라는 비판을 받아 왔어요. 개별 아동이 실제로 본인이 하지 않은 행위 때문에 미리 배제당하는 것은 일반화의 오류이자 비교육적 낙인찍기란 것이지요.

하지만 '노키즈존'이 생긴 이후 '노시니어존', '노중학생존', '노카공존', '노20대존' 등 연령과 계층, 직업과 행위별로 세분화된 온갖 '노○○존'이 생겨나고 있습니다.

전문가들은 이런 '노○○존'이 특정 연령층에 대한 차별과 편견을 조장할 수 있다고 지적해요. 이는 개인의 권리와 자유는 성장했지만, 평등과 포용은 부족한 사회상을 반영하는 것이기도 하지요. '노○○존'은 결국 우리 모두에게 영향을 미칠 수 있어요.

개념 어휘
1. 편견: 공정하지 못하고 한쪽으로 치우친 생각.
2. 배제: 받아들이지 아니하고 물리쳐 제외함.
3. 낙인찍다: 벗어나기 어려운 부정적 평가를 내리다.
4. 사회상: 사회의 모습이나 실태.

정리해 볼까요?

1. 노키즈존이 비판을 받은 이유는 무엇인가요?

2. 전문가들은 '노○○존'이 어떤 문제를 일으킬 수 있다고 지적하나요?

3. 문단별 내용 정리

   1문단 : 헬스장에 붙은 아줌마 출입 금지 공지에 대한 논란
   2문단 :
   3문단 :
   4문단 :
   5문단 :

생각해 볼까요?

4. 사업장을 운영하는 입장에서는 노○○존을 통해 특정 고객층에게 더 나은 서비스를 제공하고자 한다고 말해요. 하지만 노○○존을 반대하는 입장에서는 특정 계층을 차별하고 배제하는 행위는 옳지 않다고 말하지요. 여러분은 어떤 입장인가요? 이유와 함께 적어 보세요.

7-2 우당탕 교과서 관련 단원: 5-1 인권 존중과 정의로운 사회

[가상 시간여행]
인권 운동의 선구자, 세종대왕을 만나다

민수: 전하, 저희는 먼 미래에서 온 아이들입니다. 전하를 인터뷰하기 위해서 찾아왔어요. 질문을 드려도 될까요?

세종대왕: 물론이다. 무엇이 궁금하냐?

혜진: 전하, 장애인들을 위해 많은 일을 하셨다고 들었습니다. 어떤 마음으로 그런 정책을 펼치셨나요?

세종대왕: 백성은 나라의 근본이다. 장애를 가진 이들도 소중한 백성이므로 그들을 돕는 것은 당연한 일이라 생각하였느니라.

민수: 시각장애인들을 지원하는 기관인 명통시도 후원해 주셨다고 들었습니다.

세종대왕: 명통시에 소속된 시각장애인들은 정기적으로 모여 나라의 안녕을 비는 경문을 읽고 가뭄이 들면 기우제를 올려 주었지. 매우 고마웠단다.

혜진: 전하, 장애인들을 위한 일자리를 만드신 이유는 무엇인지요?

세종대왕: 장애인들도 능력을 발휘하고 자립할 수 있는 길을 열어 주고 싶었다. 괘를 치는 점복사, 북을 치고 경문을 읽어 주면서 가정의 재앙을 물리쳐 주는 독경사, 악기를 연주하는 악공 등이 장애인 전문직이란다.

혜진: 전하의 배려와 사랑 덕분에 많은 장애인들이 행복하게 살 수 있었을 것 같아요. 후대에도 큰 영향을 미쳤겠지요?

세종대왕: 시간여행을 온 다른 친구들에게 그리 들었다. 중종 때 간질장애인인 권균은 우의정을 지냈고, 지체장애인 심희수는 광해군 때 좌의정을, 청각장애인 이덕수는 영조 때 형조판서를 지냈다고 하더구나. 미래에서도 서로를 배려하며 살기를 바란다.

민수, 혜진: 네, 전하의 뜻을 마음에 새기겠습니다.

어휘 통통

선구자

'선구자'는 새로운 길을 앞서서 개척하여 남에게 모범이 되는 사람을 의미해요. 이 단어는 '먼저'라는 뜻의 '선(先)'과 '말을 몬다'는 뜻의 '구(驅)'가 합쳐져서 만들어졌어요. '자(者)'는 사람을 나타내기 때문에, '선구자'는 말 그대로 새로운 길을 먼저 개척하는 사람을 뜻하게 되었지요.
- 그는 인공지능 연구의 선구자로서 많은 업적을 남겼다.
- 그 회사는 친환경 에너지 개발의 선구자 역할을 하고 있다.
- 그녀는 여성 인권 운동의 선구자로서 많은 사람들에게 영감을 주었다.

1. 다음 단어의 뜻을 통해 나머지 단어들을 유추해 보세요.

무례	예의가 없다
	능력이 없음
	지식이 없음
	기운이 없음

2. 아래 단어에서 적절한 단어를 찾아 문장을 완성해 보세요.

> 선구자   편견   배제

- 우리는 다양한 문화를 이해하고 (   ) 없이 대해야 한다.
- 그는 인공지능 분야의 (   )로서 많은 기술을 개발했다.
- 그녀는 중요한 결정을 내릴 때 내 의견을 (   ) 했다.

7-3 생각 쑥쑥! 배경 지식을 넓혀라

인권을 지키기 위한 역사 속 제도들

노○○존과 앞의 세종대왕 인터뷰 내용의 공통점은 무엇일까요? 바로 '인권'이에요. 그럼 우리 역사에서 '인권 신장'과 관련된 제도에는 무엇이 있었는지 알아볼까요?

1. 고려의 노인 부양 제도

고려 시대에는 일흔 넘은 노인을 부양하는 자녀에게 군역과 세금을 면제해 주었어요. 또 죄를 지어도 멀리 유배를 보내지 않았어요.

2. 고려의 동서대비원과 혜민국

고려는 개경의 동쪽에 동대비원, 서쪽에 서대비원을 세웠는데, 이곳들은 어려운 이들을 위한 무료 병원이었어요. 지금의 보건소 같은 곳이지요. 혜민국은 가난한 백성들에게 약을 주는 약국으로 개경에 설치되었어요. 혜민국은 조선 시대의 혜민서로 이어졌어요.

무료료 약재를 나누어 준 혜민국

3. 고려의 아동 보호 제도

10살이 되지 않은 고아는 관청에서 보호하며 양육했고, 10살이 된 후에는 살 곳을 선택할 수 있게 했어요. 충목왕 3년에는 '해아도감'이 설치되었는데 기능과 관원 등에 관해서는 확실히 알려진 바가 없으나, 어린아이를 뜻하는 '해아'라는 명칭을 통해 영유아를 보호·양육하는 관립 영아원이었을 것으로 추측되고 있어요.

4. 삼복제

살인과 같이 사형에 처해야 하는 무거운 죄를 지은 죄인의 경우, 신분에 상관없이 세 번의 재판을 거치도록 한 제도예요. 이렇게 세 번 재판을 하는 것은 지금도 삼심제로 이어지고 있어요.

5. 격쟁

억울한 일을 당한 사람이 임금이 행차할 때 징이나 꽹과리를 쳐서 억울함을 호소했던 제도예요. 문자에 익숙하지 못한 이들도 참여할 수 있어서 일반 백성들이 이용했지요.

격쟁에 사용된 꽹과리

6. 조선의 진제장

1437년(세종 19년)에 세운 진제장은 굶주린 자들을 위한 무료 급식소였어요. 가난한 백성들이 굶어 죽지 않도록 한성부 내 두 곳에 세웠다고 해요.

7. 조선 시대 시각장애인

조선 초기에는 시각장애인들도 직업을 가질 수 있도록 정책을 펼쳤어요. 앞날의 길흉화복을 내다보며 점을 치는 점술가, 불경을 읽어 잡귀를 쫓고 질병을 치료하는 독경사, 그리고 악기를 연주하는 악사의 일을 할 수 있었지요. 태종은 '명통시'라는 시각장애인 단체를 만들어 쌀과 베 등을 상으로 주며 활동을 돕기도 했어요.

■ 요즘 '인권 신장'과 관련된 제도에는 무엇이 있을까요?

8-1 신기한 뉴스 키워드: 자연재해, 집중 호우, 침수

수도권 집중 호우로 피해 속출

전국에 폭우가 쏟아지면서 피해가 속출했어요. 경기 북부 지역에서는 시간당 75mm 이상의 기록적인 폭우가 쏟아지면서 많은 주택과 주요 도로가 물에 잠기고, 축사의 지붕이 무너지거나 산사태가 일어났습니다.

충남 논산에서는 축사 지붕이 내려앉아 50대 남성이 숨졌고, 충북 옥천에서는 다리를 건너던 한 남성이 물에 빠져 실종되는 등 인명 피해도 잇따랐어요. 수도권 주요 도로인 동부간선도로가 양방향 통제되고, 지하철 1호선 일부 구간도 운행이 중단되어 출근길 교통 혼잡이 빚어졌지요.

이번 폭우의 특징은 짧은 시간 내 특정 지역에 많은 비가 집중된다는 점이에요. 비구름이 위아래로는 폭이 좁고, 좌우로는 긴 모양이어서 비구름대가 속한 지역에는 폭우가 쏟아지고, 다른 지역에는 폭염이 오는 등 날씨 양극화도 나타났어요. 또 하루에 폭염과 폭우가 나타나기도 했는데 대기의 상층과 하층 기온 차가 크기 때문이에요.

세계기상기구(WMO)는 "지구온난화로 지구 평균 온도가 높아지면서 극단적인 날씨가 더 자주, 더 강하게 나타나고 있다. 온난화로 인한 극단적인 날씨가 새로운 정상으로 여겨지는 실정"이라고 말했어요.

전문가들은 많은 비가 내리면 가급적 외출을 자제하고, 부득이 외출할 때는 개울가, 하천변 등 급류에 휩쓸릴 수 있는 지역과 침수 위험 지역 근처에는 절대로 접근하지 말아야 한다고 강조했어요. 또 폭우로 강물이 넘치는 경우 지하 침수 위험이 있으니, 지하차도엔 절대로 진입하면 안 된다고 경고했어요.

개념 어휘
1. 속출하다: 잇따라 나오다.
2. 급류: 물이 빠른 속도로 흐름. 또는 그 물.
3. 침수: 물에 잠김.

정리해 볼까요?

1. 이 기사는 무엇에 대해 설명한 글인가요?

2. 폭우로 인한 주요 피해를 기사 속에서 찾아 적어 보세요.

3. 이번 폭우의 특징은 무엇인가요?

4. 문단별 내용 정리
   1문단 : 기록적인 폭우와 피해 상황
   2문단 :
   3문단 :
   4문단 :
   5문단 :

생각해 볼까요?

5. 세계기상기구(WMO)는 지구 온난화가 극단적인 날씨를 자주, 강하게 만든다고 경고했습니다. 이러한 기상 현상이 우리 생활에 어떤 영향을 미칠 수 있을지 적어 보세요.

| 8-2 | 우당탕 교과서 | 관련 단원: 5-1 국토와 우리 생활 |

1923년 간토 대지진 생존자 인터뷰

1923년 9월 1일, 도쿄에서 발생한 간토 대지진은 일본 역사상 가장 참혹한 재난 중 하나입니다. 그날의 참상에서 살아남은 김진호(가명) 씨를 만나 당시 상황을 들어보았습니다.

기자: 간토 대지진이 발생한 날의 상황을 설명해 주시겠습니까?

김진호: 점심을 준비 중이었는데 갑자기 땅이 흔들리며 모든 것이 무너졌습니다. 지진은 4~10분 동안 지속됐고, 나무집들이 불타기 시작했어요.

기자: 지진 후 어떤 일이 벌어졌나요?

김진호: 지진과 화재로 도쿄와 요코하마 등지에서 많은 사람들이 목숨을 잃었습니다. 그런데 진짜 지옥은 그 후였습니다. 내무대신 미즈노 렌타로가 '조선인이 폭동을 일으켰다'는 소문을 퍼뜨렸죠.

기자: 그 소문이 어떤 영향을 미쳤나요?

김진호: 일본인 자경단이 조직되어 조선인들을 무차별적으로 학살하기 시작했어요. 발음이 이상하다며 조선인, 중국인, 대만인들을 죽였습니다. 저도 신분을 숨기려 했지만, 목숨을 건질 수 없을 것 같아 경찰서로 피신했어요. 하지만 경찰서 안까지 자경단이 들어와 사람들을 학살했어요. 우리는 그들에게서 보호받지 못했습니다.

기자: 당시 상황을 정부는 어떻게 발표했나요?

김진호: 일본 정부는 조선인 사망자를 233명으로 발표했지만, 실제로는 6,661명이 학살당했어요. 정부는 자경단의 만행을 은폐하고 책임을 회피했어요.

기자: 그 후 어떻게 생존하셨나요?

김진호: 운이 좋았던 것 같습니다. 많은 동료와 친구들이 죽은 그날을 잊을 수가 없습니다.

어휘 통통

폭우, 폭염

'폭(暴)'은 한자어로 '심하다', '사납다' 등의 의미를 가지고 있어요. 폭우(暴雨)는 '폭'에 '비 우(雨)'를 붙여 매우 강하고 많은 양의 비가 내리는 것을 의미하고, 폭염(暴炎)은 '폭'에 '불꽃 염(炎)'을 붙여 '심한 정도의 불꽃' 또는 '심한 정도의 열기'를 뜻해요. 그럼 '폭(暴)'이 붙은 다른 단어도 알아볼까요?

- **폭설**(暴雪): 심하게 눈이 오는 것.
- **폭력**(暴力): 강제적이고 난폭한 힘.
- **폭동**(暴動): 심한 소요나 폭력적인 행동.
- **폭정**(暴政): 포악한 정치.
- **폭주**(暴走): 통제를 벗어나 과도하게 빠르게 달리는 것.
- **폭풍**(暴風): 매우 강하고 강력한 바람.

1. 폭우에서 '폭'은 '심하다', '사납다' 등의 의미로 쓰입니다. 다음 중 같은 의미를 가지고 있는 단어를 찾아 ◯ 해 보세요.

| 폭탄 | 폭식 | 폭죽 | 폭염 | 폭정 |
| 폭격 | 폭동 | 폭발 | 폭언 | 폭삭 |

8-3 생각 쑥쑥! 배경 지식을 넓혀라

자연재해를 대하는 옛사람들의 자세

폭우, 지진처럼 피할 수 없는 자연 현상으로 일어나는 피해를 '자연재해'라고 해요. 황사, 가뭄, 홍수, 태풍, 폭설 등이 자연재해이지요. 옛날에도 자연재해가 일어났을 텐데 우리 조상들은 자연재해가 일어나면 어떻게 했을까요?

1. 신라 시대

779년 신라의 혜공왕 때 경주에서 큰 지진이 발생해 많은 사람들이 목숨을 잃었어요. 그 후 혜공왕은 백좌법회라는 행사를 열었는데 이는 많은 승려들이 모여 불경을 설명하고 부처님께 공경의 마음을 표현하는 행사였어요. 등불 100개를 밝히고, 100가지 향불을 피우고, 100가지 색깔의 꽃을 뿌리며 부처님을 향한 공경의 마음을 나타냈지요. 신라는 불교 국가였기 때문에 이런 행사를 열어 부처님께 나라의 평안을 빌었던 거예요. 이후 백좌법회는 고려 시대까지 이어져요.

2. 고려 시대

고려 시대에는 백좌법회 이외에 해괴제라는 행사를 열었어요. 해괴제는 나라에 이상한 일이 생기면 불길한 기운을 없애고 속죄하기 위해 지내던 제사를 말해요. 임금은 해괴제를 지내는 동안 음식을 줄이고 술과 유흥을 자제하는 정성을 보였어요.

3. 조선 시대

조선 시대에도 지진, 해일 같은 재앙이 일어나면 임금은 자신이 잘못된 부분을 반성하며 해괴제를 지냈어요. 또 천재지변의 피해를 입은 백성들의 구호 활동에 힘쓰기도 했답니다.

4. 아즈텍 제국

지금의 멕시코 지역에 존재하던 아즈텍 제국에서는 자연재해를 신에게 바치는 희생이 부족해서 발생한다고 여겼어요. 그래서 가뭄이나 홍수가 발생하면, 아즈텍인들은 신의 노여움을 풀기 위해 사람, 즉 인신 공양을 했어요. 이런 극단적인 방법을 통해 신의 분노를 가라앉히려고 한 것인데 특히, 태양신과 비의 신에게 바치는 제사가 중요했어요. 제물로 바쳐진 사람들은 보통 전쟁 포로였으며, 이러한 희생은 신들에게 피를 바침으로써 그들의 힘을 유지시키고, 자연의 균형을 되찾으려는 목적이었어요.

5. 중국

중국에서는 자연재해를 황제의 덕이 부족한 것으로 간주했어요. 특히 지진이나 가뭄이 발생하면, 황제는 자신이 덕이 부족하다고 생각하여 하늘에 제사를 지냈어요. 이러한 제사는 천제(天祭)라고 불리며, 황제는 하늘의 노여움을 달래기 위해 겸손한 태도로 제사를 올렸어요. 천제는 보통 베이징의 천단(天壇)에서 이루어졌으며, 황제는 그곳에서 하늘에 제물을 바치고, 신에게 용서를 구했어요. 제사 의식은 매우 엄격하고 복잡했는데, 황제와 제사에 참여하는 모든 사람들은 정결한 몸과 마음으로 준비해야 했어요. 이러한 의식은 황제의 통치 정당성을 강화하는 중요한 수단으로 사용되기도 했답니다.

6. 일본

일본은 지진과 화산 폭발을 신의 일종으로 보았는데 특히 지진은 땅을 지키는 신인 나마즈(큰 메기)가 움직이기 때문이라고 믿었어요. 일본인들은 이러한 재해가 발생하면 신사에서 기도하고, 신에게 바치는 제물을 통해 신의 노여움을 달래려 했어요. 이러한 종교적 행위는 재해로 인한 두려움을 극복하고, 공동체의 결속을 강화하는 역할을 했어요.

■ 옛날 사람들은 자연재해를 어떤 식으로 이해하고 생각했는지, 본문의 글을 참고해서 정리해 보세요.

9-1 신기한 뉴스 키워드: 전자책, 디지털 교과서, 사회 변화

AI 디지털 교과서와 전자책 열풍

코로나19 이후로 전자책의 인기가 꾸준히 이어지고 있습니다. 종이책을 읽는 인구는 줄어들고 있지만, 다양한 독서 플랫폼에서는 취향에 맞는 도서를 추천해 주거나 오디오북을 무료로 제공하는 등 서비스를 다각화해서 전자책 구독 인구를 늘려 가고 있지요.

이와 같은 추세로 2025년부터는 인공지능(AI)을 활용한 디지털 교과서가 학교에서 사용될 예정이에요. AI 교과서란 인공지능 기술이 적용된 디지털 교육 콘텐츠로, 학생들의 수준과 특성에 맞춰 1대 1 맞춤형 교육을 제공할 수 있다는 장점이 있어요. 영어, 수학, 정보 교과에 우선 도입되고 2028년까지 모든 교과목으로 확대될 예정이라고 해요.

하지만 AI 디지털 교과서에 대한 우려의 시선도 많아요. 학생들이 디지털 기기에 너무 의존하게 되거나 유해 콘텐츠에 노출되기 쉬워질 수 있어요. 또 학습 격차가 드러나면서 오히려 사교육을 부추기거나 AI 교과서가 사교육의 문제풀이 교재처럼 사용될 수 있다는 지적도 있어요.

이를 방지하기 위해 학생 활동 모니터링과 유해 사이트 차단 기능을 활용해야 합니다. 또 학생들의 인터넷 사용 시간을 관리, 맞춤형 교육 자료 탑재 등 디지털 기기 사용에 대한 안전한 학습 환경을 조성할 필요가 있어요.

한편 민간 디지털 교과서 발행사들이 학생들의 성취도, 생각, 공부 습관에 대한 빅데이터를 갖게 될 거라는 지적도 있어요. 이는 학생들의 개인정보 보호와 관련된 중요한 문제이기 때문에, 많은 고민과 준비가 필요해요.

개념 어휘
1. 전자책: 전자 기기를 통해 읽을 수 있는 디지털 형식의 책.
2. 다각화: 여러 방면이나 부문에 걸치도록 함.
3. 개인정보: 이름, 주민 등록 번호, 직업, 주소, 전화번호 따위의, 개인에 대한 자료.

정리해 볼까요?

1. AI 디지털 교과서란 무엇인가요?

2. AI 교과서의 장점은 무엇인가요?

3. AI 교과서에 대한 우려는 무엇인가요?

4. 문단별 내용 정리

    1문단 : 전자책의 인기가 꾸준히 이어지고 있음

    2문단 :

    3문단 :

    4문단 :

    5문단 :

생각해 볼까요?

5. AI 교과서의 장점과 단점이 무엇일지 여러분의 생각을 정리해 보세요.

6. 학생들이 디지털 기기에 너무 의존하지 않도록 하기 위해 학교에서는 어떤 방안을 마련해야 할까요?

9-2 우당탕 교과서 관련 단원: 5-2 새로운 변화와 오늘날의 우리

담배 가게에서 발생한 전기수 살인 사건

앵커: 오늘 오후 종로의 한 담배 가게에서 충격적인 살인 사건이 발생했습니다. 현장에 나가 있는 기자를 연결하겠습니다.

기자: 네. 저는 살인 사건이 일어난 종로의 담배 가게에 나와 있습니다. 사건은 전기수가 『임경업전』을 낭독하던 중 벌어졌습니다. 전기수란 '기이한 이야기를 전해 주는 노인'이란 뜻인데, 거리에서 사람들을 모아 놓고 재미있게 소설을 읽어 주는 사람이지요. 그럼 사건 현장에 있던 목격자들을 만나 보겠습니다.

김홍도 단원풍속도첩에 등장하는 전기수 (아래왼쪽)

담배 가게 주인 이씨 할아버지: 우리 가게 앞에서 사람들이 모여 전기수의 낭독을 듣고 있었는데, 그 전기수의 낭독이 정말 대단했어요. 사람들은 숨죽이고 그의 이야기를 듣고 있었죠. 그런데 간신 김자점이 임경업에게 누명을 씌워 죽이는 대목에서, 갑자기 한 사람이 칼을 들고 전기수를 찌르며 "네가 김자점이렷다!"라고 외쳤어요. 너무 순식간이었어요.

김씨 아주머니: 전기수가 김자점 대목을 읽고 있을 때, 한 남자가 갑자기 일어났어요. 눈에 핏발을 세우고 입에 거품을 물고는 담배 써는 칼을 들더니, 전기수를 공격했어요. 너무 무서웠어요. 너무 실감 나게 읽어서 그 전기수를 김자점으로 착각한 것 같아요.

기자: 전기수는 즉시 인근 의원으로 옮겨졌으나, 심한 부상을 입어 현재 생명이 위독한 상태입니다. 공격을 가한 남자는 즉시 체포되어 포도청으로 이송되었습니다. 그는 자신이 임경업 장군을 죽인 김자점을 벌한다고 생각했다며, 사건 당시 정신이 혼미했다고 진술했습니다.

앵커: 많은 사람들이 전기수의 이야기에 몰입해 즐기고 있던 중 발생한 사건이니만큼 충격도 큰 것 같습니다. 현재 포도청에서는 사건의 경위를 철저히 조사 중에 있는데요, 추가적인 정보가 나오는 대로 신속히 보도하겠습니다. 이상 종로에서 전해드린 현장 보도였습니다.

어휘 통통

독서와 관련된 단어

낭독의 독(讀)자는 '읽다'라는 뜻을 가진 글자예요. 독(讀)자가 들어가는 단어들을 알아볼까요?

- **독서**(讀書): 책을 읽는 행위.
- **독해**(讀解): 글의 내용을 이해하는 것.
- **독자**(讀者): 책을 읽는 사람.
- **독후감**(讀後感): 책을 읽고 난 후의 감상.
- **독법**(讀法): 글을 읽는 방법.
- **독음**(讀音): 글자의 발음.
- **독서실**(讀書室): 책을 읽는 공간.

1. 낭독에서 '독'은 '읽다'라는 의미입니다. 아래의 단어 중 '독'이 읽는다는 의미를 가지고 있는 단어를 찾아 ◯ 하세요.

| 정독 | 독립 | 독서 | 독자 | 독거 |
| 독주 | 독서실 | 독창적 | 독해 | 독도 |

9-3 생각 쑥쑥! 배경 지식을 넓혀라

책과 관련된 재미있는 직업들

교과서까지 전자책으로 바뀐다니 종이책에서 전자책으로의 변화가 정말 빠르게 일어나고 있는 요즘이지요? 직업은 사회 변화, 시대적 요구 등에 따라 생겨나기도 하고 사라지기도 해요. 책과 관련된 직업에는 무엇이 있었는지 살펴볼까요?

1. 전기수

조선 후기에는 소설이 수적으로 증가하면서 소설을 향유하는 계층이 확대되어 대중적 인기를 끌게 되었어요. 이러한 시대 변화에 맞춰 등장한 전기수는 소설을 읽어 주고 일정한 보수를 받던 전문적인 낭독가였어요. 억양을 바꾸고 몸짓과 연기를 곁들여 청중이 소설책에 빠져들게 했지요.

전기수는 주로 사람들이 많이 모이는 시장, 다리 밑, 담배 가게, 활터 등에서 활동했는데 인기 있고 유명한 전기수는 지체 높은 양반집 안채까지 초대되어 소설을 낭독하기도 했어요. 일종의 출장 서비스인 것이지요.

전기수는 책을 보고 읽어 주기도 하고, 내용을 모두 암기한 후 완벽하게 소화해서 들려주기도 했는데, 소설의 절정에 이르면 별안간 입을 꾹 다물었다고 해요. 내용이 궁금하고 아쉬운 청중들이 엽전을 꺼내 던지기 시작하면 다시 이야기를 시작했어요.

2. 세책방

세책방은 책을 빌려주는 서점으로, 현대의 도서 대여점과 유사한 개념이에요. 책을 일정 기간 동안 대여해 주고, 대여 기간과 책의 상태에 따라 요금을 받았어요. 필경사가 베껴 쓴 책을 사람들에게 빌려준 것이지요. 세책방에서 책을 빌리는 사람들은 고가의 책을 개인적으로 소유할 수 없는 서민들이 대다수를 차지했어요.

당시 세책방 책들은 여러 사람이 읽어도 찢어지지 않게 질 좋은 종이를 사용했어요. 본래 한 권인 책을 여러 권으로 나누기도 했는데, 재미있는 부분에서 이야기를 끊어야 사람들이 다음 책을 또 빌려갔기 때문이에요.

3. 책쾌

　세책방에 책을 공급해 주는 서적 중개상을 '책쾌'라고 불러요. 조선 시대에는 정부가 책의 출판과 배포를 맡았는데, 정부가 배포하는 책들은 사람들이 좋아하는 『홍길동전』, 『소설 삼국지』, 『심청전』 같은 소설이나 실학자들의 책들이 아니었어요. 『논어』, 『중용』과 같은 주자학과 관련된 책이었어요. 또 책을 만드는 금속 활자가 있더라도 정부 차원에서나 대량으로 책을 인쇄했고 민간에서는 대부분 책을 필사해서 유통을 했지요. 하지만 이런 필사를 통한 책들은 대량으로 생산하기가 어려웠어요.

　그래서 책을 다 읽거나 흥미가 떨어지면 중고 도서로 책을 팔고 그 돈으로 다른 책을 구입했는데, 이것을 가능하게 해 준 직업이 책쾌였어요. 지금 우리가 중고 서점에 책을 파는 것과 비슷하지요?

4. 근대식 서점

　우리나라 최초의 근대식 서점은 '회동서관'이에요. 1897년 서울 광교 근처에 설립된 회동서관은 출판사도 겸했는데, 이광수의 『무정』, 한용운의 『님의 침묵』 등을 출판했어요. 일제 강점기 시대 우리말 금지 조치 등으로 어려움을 겪다 1950년대 중반에 문을 닫았어요.

회동서관에서 1928년에 발행한 5학년용 참고서

■ 요즘 '책'과 관련된 직업에는 무엇이 있을까요?

10-1 신기한 뉴스 키워드: 대북 전단, 오물 풍선, 분단

초등학교까지 날아든 '대남 오물 풍선'

북한이 배설물이 담긴 이른바 '똥 풍선' 700여 개를 우리나라로 날려 보냈어요. 이는 지난 5월 28일, 260개가 넘는 똥 풍선을 보낸 후 지속적으로 이어지고 있는데, 풍선 안에는 배설물을 비롯해 담배꽁초, 폐건전지, 음식물 쓰레기, 휴지 쓰레기 등 악취를 풍기는 오물이 가득 담겨 있었어요.

이번에 날려진 1,000개에 달하는 똥 풍선들은 서울을 비롯해 경기도, 강원도, 경남, 전북 지역에서도 발견되었어요. 북한은 북쪽에서 남쪽으로 강하게 부는 바람인 북풍을 이용하여 4m 높이의 대형 풍선에 비닐봉지를 매달아 오물을 채워 넣었어요. 풍선의 무게는 10kg에 달하며, 타이머와 기폭장치를 달아 일정 시간이 지나면 터지도록 설계되었다고 해요.

똥 풍선을 목격한 사람들은 "딸이 다니는 초등학교 앞에서도 똥 풍선이 떨어졌는데 지독한 똥 냄새에 코를 막아야 할 정도였다. 폭발물, 화학물질, 바이러스 같은 게 있었다면 너무나 아찔한 상황"이라며 몸에 해로운 물질이 있을까 봐 두렵다고 입을 모았어요.

북한은 이번 똥 풍선에 대해 "표현의 자유이자 선물"이라고 주장하고 있지요. 북한이 우리나라에 똥 풍선을 보내는 이유는 무엇일까요?

우리나라는 북한의 열악한 현실을 알리기 위해 대북 전단을 보내고 있습니다. 고립된 현실 속에서 힘들게 살아가는 북한 주민들에게 독재 체제의 문제를 알리기 위해서였지요. 하지만 이에 반발한 북한이 똥을 가득 담은 풍선을 우리나라로 보낸 것인데요. 우리나라는 북한의 잇따른 똥 풍선 공격에 대응하여, 북한의 독재 체제를 비판하는 음성이 담긴 확성기를 다시 설치하겠다고 밝혔습니다.

개념 어휘
1. 기폭장치: 폭발을 일으킬 수 있는 장치.
2. 열악하다: 품질이나 능력, 시설 따위가 매우 떨어지고 나쁘다.

정리해 볼까요?

1. 북한은 어떤 방법으로 오물 풍선을 보냈나요?

2. 북한이 오물 풍선을 보내는 이유가 무엇인가요?

3. 우리나라는 북한의 똥 풍선 공격에 대해 어떻게 대응하겠다고 밝혔나요?

4. 문단별 내용 정리
   1문단 : 오물 풍선을 보내는 북한
   2문단 :
   3문단 :
   4문단 :
   5문단 :

생각해 볼까요?

5. 북한은 오물 풍선에 대해 '표현의 자유이자 선물'이라고 주장하고 있어요. 이 의견에 대한 여러분의 생각을 이유와 함께 적어 보세요.

10-2 우당탕 교과서　관련 단원: 6-2 통일 한국의 미래와 지구촌의 평화

삐라가 바꾼 삶: 탈북자 유성 씨

기자: 안녕하세요, 유성 씨. 북한에서 삐라를 보고 탈북하셨다고 들었습니다. 어떤 경험이셨나요?

유성: 네, 저는 북한 함경남도 고원에서 살았습니다. 남한에서 보내온 삐라를 세 번 봤어요. 처음엔 나뭇가지에 걸린 풍선을 발견했죠. 보위부가 와서 수거해 갔기에 내용은 못 봤습니다.

기자: 그 후에도 삐라를 보셨나요?

유성: 네, 두 번째는 추석 때 고속도로가 꽉 찬 사진과 가족들이 한복을 입고 절하는 사진이었어요. 처음엔 거짓말 같았죠. 남한에 자동차가 그렇게 많을 거라 생각하지 못했거든요.

기자: 세 번째는요?

유성: 세 번째는 산에서 나무를 하다 발견한 비닐봉지 속 삐라였어요. 김정일이 기쁨조와 즐기는 사진과 북한의 정치범 수용소 이야기가 있었죠. 그때 북한에 정치범이 그렇게 많다는 걸 처음 알았습니다.

기자: 다른 주민들도 삐라를 봤다고 하던가요?

유성: 북한에서는 삐라를 봤다는 말을 못 해요. 신고하면 추궁당하고 감시받거든요. 그래서 다들 조용히 불태워 버립니다.

기자: 삐라가 탈북하는 데 영향을 줬나요?

유성: 네, 처음엔 믿기 힘들었지만 반복해서 보니 조금씩 믿게 되더군요. 삐라를 자주 보게 되면 그 효과가 나타난다고 생각합니다.

삐라는 광고전단, 벽보 등을 뜻하는 영어 단어 '빌(bill)'에서 유래했다. 일본인들이 빌을 '비루'라고 표현했고, 우리나라에서 이것을 삐라라고 발음하면서 대북 또는 대남 심리전 용도로 사용하는 전단지를 일컫는 말이 되었다.

어휘 통통

대북 / 대남

'대(對)'는 한자어로 '마주하다', '대하다', '상대하다' 등의 의미를 가지고 있어요. 주로 어떤 대상과의 관계나 비교, 대립을 나타낼 때 사용돼요. 예를 들어, 대남(對南)과 대북(對北)은 각각 '남한에 대한', '북한에 대한' 또는 '남한을 향한', '북한을 향한'이라는 뜻이에요.

'대'로 시작하는 다른 단어들도 알아볼까요?

- **대응**(對應): 어떤 일이나 상황에 맞추어 적절히 대처하는 것.
- **대비**(對備): 어떤 일에 대비하여 준비하거나 방비하는 것.
- **대결**(對決): 서로 맞서서 승부를 겨루는 것.
- **대화**(對話): 두 사람 이상이 서로 이야기를 주고받는 것.
- **대상**(對象): 어떤 일이나 행동의 목표가 되는 것.
- **대립**(對立): 서로 반대되는 입장이나 견해를 보이는 것.
- **대안**(對案): 다른 선택이나 방안.

---

1. 다음 여러 단어들이 알맞게 들어가도록 빈칸을 채워 보세요.

| 대화 | 대비 | 대립 | 대결 | 대응 | 대안 |

- 결승전에서의 (　　　　)이 기대된다.
- 비상 상황에 빠르게 (　　　　)해야 한다.
- 우리는 솔직한 (　　　　)를 나누었다.
- 재난에 (　　　　)한 훈련을 실시하다.
- 두 정당 간의 (　　　　)이 심각해졌다.
- 이 문제에 대한 (　　　　)을 찾아야 한다.

10-3 생각 쑥쑥! 배경 지식을 넓혀라

시대별로 달라진 남북한 선전 전단

북한의 오물 풍선과 우리나라의 대북 전단, 남북한이 서로 보냈던 삐라. 대남 대북 선전용 전단은 대체 왜 보냈던 것이고 언제부터 있었던 걸까요?

1. 1950년 한국 전쟁 시기(1950년대)

한국 전쟁 중 양측 모두 심리전을 강화하기 위해 전단을 배포했어요. 그래서 주로 상대방의 사기를 저하시키고 전쟁 의지를 약화시키기 위한 내용이 많았어요. 예를 들어, 북한은 미국과 대한민국의 전쟁 범죄를 강조하는 내용을, 남한은 북한의 공산주의 체제의 부정적인 면을 부각하는 내용을 담았지요.

6·25당시 남한이 북한으로 보낸 삐라

2. 전후 시기(1960~1970년대)

① **1960년대:** 한국 전쟁 이후에도 남북한 간의 긴장은 지속되었기 때문에 전단은 여전히 중요한 심리전 도구로 사용되었어요. 이 시기에는 주로 자기 체제의 우월성을 홍보하고 상대방 체제의 결점을 부각시키는 내용이 많았어요.

② **1970년대:** 남북한의 긴장 완화와 평화적인 공존을 모색하던 시기에도 전단 배포는 계속되었어요. 이 시기에는 평화를 촉구하는 내용, 남북한 간의 경제적 차이를 강조하는 내용 등이 포함되었어요. 북한에서는 남한의 유신독재를 비판하기도 했고, 남한에서는 북한과는 다른 자유로운 생활을 강조했지요.

3. 냉전 말기 및 탈냉전 시기(1980~1990년대)

① **1980년대:** 남북한 간의 군사적 긴장이 다시 고조되면서 전단 배포도 빈번해졌어요. 이 시기에는 군사적 위협을 경고하는 내용, 상대방의 지도자를 비판하는 내용 등이 주를 이루었어요.

② **1990년대:** 소련의 붕괴와 함께 냉전이 종식되면서 남북한 간의 대화와 협력의 움직임

이 나타났어요. 하지만 전단 배포는 여전히 지속되었고, 주로 상대방 체제의 문제점을 지적하는 내용이 많았어요.

4. 2000년대 이후

① **2000년대:** 2000년 김대중 대통령과 김정일 국방위원장이 정상회담에서 '상호 비방 중단'에 합의하면서 양쪽 정부의 심리전이 공식적으로 중단되었어요. 그러자 탈북자 단체가 나서면서 전단 살포가 정부 주도에서 민간 주도로 옮겨 왔어요. 방식에도 변화가 생겼지요. 전단 꾸러미를 매단 비닐 풍선을 북으로 날려 보내기 시작했는데, 그 안에는 북한 정권을 비판하는 동영상이 담긴 USB 메모리와 DVD, 1달러짜리 지폐 등을 담았어요. 주로 인권 문제, 경제적 격차 등을 강조하는 내용이 포함되었어요.

② **2010년대:** 인터넷과 디지털 매체의 발달로 전통적인 전단의 역할은 줄어들었지만, 여전히 심리전 도구로 사용되었어요. 특히 북한의 인권 문제, 탈북자들의 증언 등이 포함된 전단이 많이 배포되었어요.

③ **2020년대:** 남북 관계의 변화에 따라 전단 배포가 일시적으로 중단되기도 했으나, 여전히 간헐적으로 사용되고 있어요. 전단의 내용은 주로 북한 체제의 문제점, 남한의 번영 등을 강조하는 내용이지요.

이와 같이 대남 대북 선전용 전단은 시대에 따라 그 내용과 목적이 변화해 왔어요. 전단은 남북한 간의 긴장과 화해의 분위기를 반영하는 중요한 자료로써, 심리전의 도구로 사용되어 왔습니다.

- '삐라'에 대한 여러분의 생각을 적어 봅시다.

11-1 신기한 뉴스 키워드: 유적지, 문화재, 스톤헨지

환경 단체의 시위, 스톤헨지 훼손 논란

스톤헨지는 영국에 있는 선사 시대 유적으로, 원형으로 배열된 거대한 돌 구조물이에요. 1986년에 유네스코 세계유산으로 등재된 스톤헨지는 매년 많은 관광객이 방문하는 중요한 명소이지요.

그런데 최근 환경 단체 '저스트 스톱 오일'의 시위로 인해, 스톤헨지가 주황색으로 변하는 일이 발생했어요. 6월 19일, 해당 단체 소속 활동가 2명이 스톤헨지에 주황색 스프레이를 뿌려 경찰에 체포된 것인데요. 이들은 정부에 화석 연료 사용 중단을 요구하기 위해 이 같은 행동을 했으며, "2030년까지 화석 연료를 단계적으로 퇴출하라"고 주장했어요.

이 환경 단체는 스프레이가 친환경 재료로 만들어져 시간이 지나면 자연스럽게 사라질 것이라고 주장했지만, 많은 사람들은 이 행위가 스톤헨지를 훼손한다고 비판했습니다. 문화유산 전문가들은 "스톤헨지와 같은 유적지는 그 자체로 역사적 가치가 크며, 이런 행위는 문화유산의 원형을 훼손할 수 있다"고 경고했어요.

엑스(옛 트위터) 측은 단체가 올린 영상에 이러한 행위가 불법이라는 경고 문구를 달았어요. 리시 수낙 총리와 키어 스타머 노동당 대표도 단체의 행위를 강하게 비판했고요. 스톤헨지 주변 길은 일시적으로 폐쇄되었고, 경찰은 체포된 활동가들을 조사 중입니다.

'저스트 스톱 오일'은 과거에도 유명 미술 작품에 토마토 수프를 뿌리는 등 과격한 시위를 진행한 적이 있어요. 이번 사건은 환경 보호와 문화유산 보호 간의 갈등을 다시 한번 부각시키며, 많은 이들에게 깊은 인상을 남겼습니다.

세계문화유산 중 하나인 스톤헨지

개념 어휘
1. 선사 시대: 문자로 쓰인 기록이나 문헌 등이 없는 시대.
2. 등재되다: 일정한 사항이 장부나 대장에 올려지다.

정리해 볼까요?

1. 빈칸에 알맞은 단어를 적어 보세요.

    스톤헨지는 (　　　　　　　)에 위치한 선사 시대 유적으로, 1986년에 유네스코 세계유산으로 등재되었습니다.

2. '저스트 스톱 오일' 단체가 스톤헨지에 주황색 스프레이를 뿌린 이유는 무엇인가요?

3. 스톤헨지를 훼손하는 행위에 대해 문화유산 전문가들이 경고한 이유가 무엇인지 적어 보세요.

4. 문단별 내용 정리
    1문단 : 스톤헨지에 대한 설명
    2문단 :
    3문단 :
    4문단 :
    5문단 :

생각해 볼까요?

5. 환경 단체의 '지구 환경에 대한 관심을 모으기 위한 행동이었다'는 주장에 대한 여러분의 의견을 적어 주세요.

11-2 우당탕 교과서　관련 단원: 4-1 우리가 알아보는 지역의 역사

숭례문, 5년 만에 국민의 품으로

앵커: 시청자 여러분, 안녕하십니까. 오늘은 2013년 5월 4일, 우리 국민의 자랑인 숭례문이 다시 국민들의 품으로 돌아오는 날입니다. 현장에 나가 있는 김기자 연결합니다.

기자: 네, 저는 지금 숭례문 앞에 나와 있습니다. 2008년 2월 10일, 숭례문이 방화로 인해 무너진 지 5년 만에 복원되어 오늘 다시 대중에게 공개됩니다. 많은 시민들이 이 뜻깊은 순간을 함께하기 위해 모였습니다.

앵커: 숭례문 복원 작업은 어떻게 진행되었나요?

기자: 숭례문 복원 작업은 철저한 고증과 정밀한 작업을 통해 진행되었습니다. 문화재청과 전문가들은 원래의 모습을 최대한 살리기 위해 오랜 시간 공들였다고 합니다.

앵커: 숭례문 방화 사건 이후 어떤 변화가 있었나요?

기자: 2008년 방화 사건 이후, 문화재 보호에 대한 인식이 크게 강화되었습니다. 문화재청은 매년 2월 10일을 '문화재 방재의 날'로 지정하고, 서울소방재난본부와 중부소방서 주관으로 문화재 재난대응 훈련을 실시하고 있습니다. 이를 통해 문화재 보호와 화재 예방에 대한 경각심을 높이고 있지요.

앵커: 당시 방화범 채종기 씨에 대한 처벌은 어떻게 이루어졌나요?

기자: 방화범 채종기 씨는 2008년 4월 25일, 서울중앙지법에서 징역 10년을 선고받았습니다. 그는 재판 내내 반성하지 않고 토지 수용 보상금이 적다며 자신의 행동을 정당화하려 했습니다. 재판부는 그의 행위를 강하게 질타하며 중형을 선고했습니다.

앵커: 숭례문이 다시 공개되는 오늘, 국민들에게 전할 메시지가 있나요?

기자: 네, 숭례문이 다시 국민들의 품으로 돌아왔지만, 문화재 보호에 대한 국민들의 관심과 책임감이 더욱 필요합니다. 비극적인 일이 되풀이되지 않도록 우리 모두가 노력해야 할 것입니다.

앵커: 네, 감사합니다. 숭례문 복원과 관련된 소식 전해드렸습니다.

어휘 통통

유적 / 유물

조상들이 남겨 놓은 물건들을 '유물'이라고 하고, 역사적인 사건이 일어났던 곳이나 건축물 등을 '유적'이라고 해요. 우리는 유물과 유적을 통해 과거의 삶과 문화를 종합적으로 이해할 수 있지요.

유물, 유적과 더불어 많이 듣는 단어로 '문화재'가 있어요. 문화재는 유물과 유적 중에 역사적 가치나 예술적 가치가 뛰어난 것으로 판단되어 지정된 것인데, 현재는 '문화재'라는 명칭이 '국가유산'으로 바뀌었어요.

국가유산청은 '문화재'라는 용어가 '과거 유물'이나 '재화'라는 느낌이 강하기 때문에, 과거와 현재, 미래를 아우를 수 있는 '유산'(遺産 · heritage) 이 들어가도록 명칭을 바꾸었다고 설명했어요.

1. 다음 사진들을 보고, '유물'과 '유적'을 나누어 적어 보세요.

①

②

③

④

11-3 생각 쑥쑥! 배경 지식을 넓혀라

파괴된 문화재 이야기

스톤헨지 사건과 숭례문 사건의 공통점은 무엇일까요? 바로 중요한 유적지가 훼손되거나 손상되었던 사건이라는 거예요. 역사 속에서 유적지나 문화재가 파괴되었던 일들에 대해 알아보고, 우리가 어떤 자세를 가져야 하는지 생각해 보도록 해요.

1. 낙산사 동종

2005년 4월 5일, 강원도 양양 지역에서 발생한 산불은 고성 등지를 거쳐 대형 화재로 규모가 커지면서 낙산사를 불태웠어요. 이 화재로 낙산사 내 목조 건물인 원통보전과 초기 조선 시대의 유풍을 그대로 간직하고 있던 보물 479호 낙산사 동종이 흔적도 없이 다 녹아 버렸지요. 이후 1년 6개월 만에 복원되어 '뎅~'하는 범종 소리를 내고 있어요.

2. 미륵사지 석탑

7세기 백제 무왕 40년(639년)에 건립된 익산 미륵사지 석탑은 현존하는 석탑 중 최대 규모예요. 미륵사에는 중앙의 목탑과 동쪽, 서쪽에 석탑이 있었는데 백제 목조 건축 기법이 반영되어 독특하다는 평가를 받았지요. 1910년 사진 자료를 보면 서쪽 석탑은 절반 가까이 허물어져 6층까지만 남은 모습을 볼 수 있어요. 그런데 1915년 일본인들이 붕괴된 부분에 콘크리트를 덧씌워서 다소 흉측한 모습이 되고 말았지요. 1998년 전라북도에서 안정성을 점검했는데, 콘크리트가 노후화되고 구조적으로 불안전하다는 판정에 따라 1999년 문화재위원회에서 해체 및 수리가 결정되었어요.

익산 미륵사지 석탑 동측 모습

익산 미륵사지 석탑 보수 및 정비 사업은 1998년부터 2019년 5월까지 총 21년간 진행되었어요. 보수 및 정비 과정에서 중점을 둔 것은 역사적 가치 보존으로 과도한 복원을 지양하고 원부재를 최대한 재사용하는 것이었지요. 미륵사지 석탑이 본래 몇 층인지 기록이 없기 때문에 최종적으로 기록에 남아 있는 6층까지만 복원하였고, 유네스코에서도 지지를 받아 세계문화유산 등재되었어요.

하지만 1992년 복원된 동탑은 이런 과정과 거리가 멀었어요. 원형에 대한 고민이 없었고, 기존 부재의 활용률도 극히 낮아서 『나의 문화유산 답사기』로 유명한 유홍준 교수는 2004년 미륵사지 석탑 해체 조사보고회에서 다음과 같은 말을 남겼어요. "미륵사지 동탑이야말로 20세기 한국 문화재 복원 최악의 사례로 기록될 겁니다." 미륵사지 동탑을 '반면교사'로 삼아 같은 실수를 반복하지 않아야겠죠?

3. 노트르담 대성당

2019년 4월 15일에 프랑스 파리의 상징적인 건축물인 노트르담 대성당이 화재로 큰 피해를 입었어요. 화재는 전기 문제나 보수 작업 중 발생한 사고로 추정되고 있는데, 정확한 원인은 명확하게 밝혀지지 않았어요.

노트르담 대성당

화재로 인해 대성당의 첨탑이 붕괴되었고, 지붕의 대부분이 소실되는 아픔을 겪었죠. 노트르담 대성당을 위해 프랑스 정부와 전 세계에서 복원 기금이 모금되었고, 현재 복원 작업을 진행 중이에요.

노트르담 대성당의 화재는 문화유산의 중요성과 보존의 어려움을 다시 한번 일깨워 준 사건이에요.

■ 최근에 '경복궁 담벼락 낙서 사건'이 있었어요. 이 사건에 대한 여러분의 생각을 적어 보세요.

12-1 신기한 뉴스 키워드: 인구, 저출산

정부, '인구 국가비상사태' 선포

정부가 저출산 문제를 매우 심각하게 생각하고, 이를 해결하기 위해 '인구 국가비상사태'를 선포했어요. 정부는 이 문제를 해결하기 위해 3가지 핵심 분야를 선정했어요. 바로 일과 가정의 균형, 아이를 키우는 것, 그리고 주거 문제입니다.

먼저, 아빠들이 더 많이 육아휴직을 쓸 수 있도록 하고, 육아휴직 급여를 첫 3개월 동안 월 최대 250만 원으로 인상하기로 했어요. 남성 출산휴가를 10일에서 20일로 늘리고, 근로시간 단축을 보장받을 수 있는 자녀의 나이를 8세에서 12세로 올리기로 했어요.

또 부모들이 안심하고 자녀를 키울 수 있도록 0세부터 11세까지 국가가 아이들을 책임지도록 하고, 3세부터 5세까지 무상 교육 및 돌봄을 제공할 계획을 세웠어요. 모든 초등학교에서 아이들이 늘봄프로그램을 이용할 수 있도록 하여 부모님들의 양육 부담을 덜어 줄 예정이고요.

주거 문제 해결을 위해 정부는 아기들이 있는 가정을 대상으로 연간 12만 호 이상의 주택을 공급하고, 신생아 특별 공급 비율을 늘리기로 했어요. 이렇게 출산 가구가 원하는 주택을 우선적으로 분양받을 수 있도록 하는 정책은 주거 문제 해결에 큰 도움이 될 것으로 기대하고 있지요.

마지막으로, 정부는 인구 문제를 해결하기 위해 매달 '인구 비상대책회의'를 열기로 했어요. 이를 통해 정부는 저출산 문제를 해결하기 위한 지속적인 노력을 이어 갈 예정이에요.

개념 어휘
1. 선포하다: 세상에 널리 알리다.
2. 단축: 시간이나 거리 따위가 짧게 줄어듦.

정리해 볼까요?

1. 정부가 저출산 문제를 해결하기 위해 선포한 것은 무엇인가요?

2. 저출산 문제 해결을 위한 3가지 핵심 분야는 무엇인가요?

3. 근로 시간 단축을 보장받을 수 있는 자녀의 나이가 몇 세에서 몇 세로 올라갔나요?

4. 문단별 내용 정리
   1문단 : 인구 국가비상사태 선포 및 저출산 문제 해결을 위한 핵심 분야 선정
   2문단 :
   3문단 :
   4문단 :
   5문단 :

생각해 볼까요?

5. 저출산이 우리 사회에 미치는 영향은 무엇이길래, 정부에서 국가 비상사태까지 선포하면서 해결하고자 하는 걸까요? 이에 대한 여러분의 생각을 적어 보세요.

12-2 우당탕 교과서 관련 단원: 4-2 사회 변화와 문화의 다양성

끝장 토론: 역사 속 저출산 전문가들 출동

앵커: 지금 우리나라의 저출산 문제가 아주 심각합니다. 그래서 오늘은 역사 속 저출산 정책을 마련하셨던 왕들을 모셔서 대책을 의논해 보는 특집을 마련했습니다. 먼저 조선의 세종대왕님은 어떤 출산 장려 정책을 추진하셨나요?

세종: 전국 관청에 소속된 여종들이 아이를 낳을 때 출산 한 달 전부터 일을 쉬도록 하고, 낳은 후에는 100일 출산 휴가를 주었지요. 또 부인과 아기를 돌볼 수 있도록 그 남편도 30일 출산 휴가를 주었습니다.

성종: 우리 조선은 농업 국가였기 때문에 인구수가 아주 중요했어요. 그런데 빈부격차가 심해지면서 혼수 문제로 결혼을 못하는 여성들이 늘어났고, 출산율까지 낮아지게 되었지요. 그래서 30세 이상 미혼 여성에게 혼인보조금을 지급하고, 혼기가 넘었는데도 시집을 안 가면 그 집안 가장을 처벌하는 강경책을 쓰기도 했어요.

스파르타 왕: 조선은 그런 정책을 썼군요. 우리 스파르타는 군사 국가였는데 인구가 감소하면 군인이 부족해지고, 군인이 부족하면 국가가 멸망할 수도 있었어요. 그래서 미혼 독신 남녀에게는 본래 세금의 300%씩 내는 싱글세를 걷었어요. 하지만 이와 반대로 아이가 셋 이상인 가정은 노동을 면제시켜 주고, 넷을 두면 세금을 완전히 면제시켜 주었지요.

아우구스투스: 역시 스파르타는 군사 국가답게 정책도 강력하군요. 우리 로마에서도 인구는 중요했어요. 그래서 미혼자들은 아예 부모 재산을 상속받을 수 없게 하고, 결혼은 했어도 자식이 없는 사람은 상속세로 50%를 내야하는 법률을 만들었지요. 또 자녀가 없으면 고위공직에 오를 수 없게 제한하기도 했어요. 하지만 아이를 3명 이상 낳으면 각종 혜택을 주는 법도 있었답니다.

앵커: 조선과 그리스 스파르타, 로마 이야기를 들어보았는데요. 출산 휴가와 돈에 관련된 정책들이 주를 이루는군요. 역사를 통해 배워 우리도 적절한 대책을 세우고 저출산 문제를 잘 해결했으면 좋겠습니다.

어휘 통통

선포하다 vs 공포하다

1) 선포하다
'공식적으로 어떤 사실이나 방침, 정책 등을 널리 알리다'라는 뜻으로 주로 중요한 정책, 계획, 선언 등을 알릴 때 사용해요.
- 정부는 새로운 경제 정책을 선포했다.
- 대통령이 국가 비상사태를 선포했다.

2) 공포하다
'법률이나 명령 등을 공식적으로 알리다'라는 뜻으로 주로 법률, 규칙, 명령 등을 공식적으로 발표할 때 사용해요.
- 새로운 법률이 국회에서 통과되었고, 대통령이 이를 공포했다.
- 정부는 새로운 규정을 공포했다.

즉, '선포하다'는 조금 더 넓은 범위에서 일반적인 중요한 사항을 널리 알리는 데 사용하고, '공포하다'는 법률적, 공식적 문서를 발표하는 데 주로 사용돼요.

---

1. 다음 문장을 읽고, '선포'와 '공포' 중 하나를 골라 적어 보세요.
   - 새로운 법안이 공식적으로 (   )되었다.
   - 대통령은 국민 앞에서 새로운 계획을 (   )했다.
   - 새로운 규정이 곧 (   )될 예정이다.
   - 대회 시작을 (   )하는 선언이 있었다.
   - 회사는 새로운 제품 출시를 공식적으로 (   )했다.

12-3 생각 쑥쑥! 배경 지식을 넓혀라

표어로 본 우리나라 인구 이야기

계속 낮아지고 있는 우리나라의 출산율. 우리나라는 세계에서 가장 아이를 낳지 않는 국가라는 오명이 씌워졌지만, 불과 40여 년 전만 해도 정부가 정책적으로 아이를 적게 낳으라고 권할 정도였어요. 우리나라의 인구 변화를 인구 정책 표어와 포스터를 통해 알아보아요.

1. 1960년대: '덮어놓고 낳다 보면 거지꼴을 못 면한다'

한국 전쟁으로 사람들이 많이 죽자, 이승만 정권은 아이를 많이 낳도록 독려했어요. 그래서 전쟁 후 베이비 붐으로 출산율이 증가했어요. 하지만 60년대에 이르러 박정희 정부는 아이를 많이 낳는 것이 근대화의 걸림돌이라고 여겨 인구 증가 억제책을 펴기 시작했어요. 자원은 한정돼 있는데 인구가 기하급수적으로 증가하면 기근에 시달릴 수 있다고 본 것이에요. 그래서 경제개발 5개년 계획과 함께 가족계획 사업도 시행되었고, 우표, 극장표, 통장, 주택복권에는 아이를 적게 낳아야 한다는 구호가 도배되었어요.

2. 1970년대: '딸 아들 구별 말고 둘만 낳아 잘 기르자'

1970년대 정부는 아이를 적게 낳은 집은 세금을 줄여 주기도 하면서 자녀 수를 줄이자는 메시지를 더 직접적으로 표현해요. 또 남아 선호 사상 때문에 아들을 낳을 때까지 아이를 계속 낳는 사람들이 많았기 때문에, '아들, 딸을 구별하지 말자'는 표어가 등장하지요.

3. 1980년대: '둘도 많다'

1980년대부터는 아이를 1명만 낳자는 캠페인이 시작돼요. 50년대 베이비 붐 세대가 부모가 되고서도 인구 증가 속도가 줄어들지 않았거든요. 하지만 적극적 출산 억제 정책, 도시화와 여성의 사회 진출 증가로 출산율이 슬슬 하락하기 시작해요.

80년대 가족계획 포스터

4. 1990년대: 성비 불균형 우려

1990년대는 성비 불균형에 대한 우려가 커지는 시기였어요. 임신 초기 태아의 성별을 판별할 수 있게 된 1990년대부터 남아 선호 사상이 성비 불균형으로 드러나기 시작했어요. 특히 둘째 아이나 셋째 아이의 성비 불균형이 심각했어요. 1993년 셋째 아이의 경우, 여아의 수를 100으로 했을 때 남아가 209.7명으로 남아가 여아의 2배였지요. 이는 첫째 아이는 성별 상관없이 낳지만, 둘째나 셋째 아이는 반드시 남자아이를 낳는다는 의식이 반영된 것이어요. 이 부분은 사회 문제가 될 것이라는 우려가 커지면서, 1994년 정부는 태아의 성별을 판별하는 것을 법으로 금지했지요.

5. 2000년대: 출산 장려 캠페인 시작

1.5명 수준에서 머물던 출산율이 2005년 1.08명으로 극적으로 떨어졌어요. 저출산 시대에 대한 위기의식이 고조되면서 출산을 장려하는 포스터들이 만들어지기 시작했어요.

6. 2010년대 이후

우리나라는 2013년부터 줄곧 OECD 국가 가운데 합계출산율 꼴찌를 기록하고 있어요. 2023년도 합계출산율이 0.72명이라는 수치가 발표되면서 저출산 고령화 사회에 대한 걱정이 커지고 있어요.

■ 저출산, 고령화 사회의 인구 정책에 맞는 표어를 만들어 봅시다.

13-1 신기한 뉴스 키워드: 지역 화폐, 지역 경제

지역 화폐, 지역 경제 활성화의 열쇠

　전국 70여 개 지역에는 특별한 돈, '지역 화폐'가 있습니다. 지역 화폐는 한국은행이 아닌 시·도 이름이 적힌 돈으로, 정해진 지역에서만 사용할 수 있어요. 정부와 지자체는 지역 경제를 살리기 위해 이 지역 화폐를 도입했는데요, 지역 화폐를 사용하면 할인 혜택을 받을 수 있어요. 덕분에 전통 시장이나 골목상권이 활성화되는 장점이 있지요.

　지난해, 지역 화폐 발행 규모는 3714억 원이었고, 올해는 2조 원에 달할 전망이에요. 그런데 정부는 지역 화폐 가맹점 등록 기준을 연 매출 30억 원 이하로 제한한다고 발표했어요. 이로 인해 전라남도와 광주시의 지역 화폐 발행 규모가 크게 줄었어요. 전라남도는 농협 하나로 마트와 주유소가 가맹점에서 제외되면서 사용 인원이 감소했다고 발표했고요.

　이는 연 매출 규모를 기준으로 가맹점을 제한해서, 보다 많은 소상공인들이 공평하게 지역 화폐의 혜택을 받을 수 있도록 한 것이에요. 지역 화폐의 혜택이 특정 몇몇 대형 업체에 집중되는 것을 막고, 소상공인과 자영업자들을 지원해서 지역 경제를 활성화시키며 지역 상권을 보호하려는 이유이지요.

　하지만 가맹점이 줄어들면 소비자들이 지역 화폐를 사용할 수 있는 곳이 제한됩니다. 이는 지역 화폐 사용에 대한 불편을 초래할 수 있으며, 지역 화폐의 사용 빈도를 감소시킬 수 있어요. 그러면 결국 원래 목적인 경제 활성화 효과도 줄어들 수 있다는 문제가 생기죠.

　그래서 각 지자체는 지역 화폐 발행 규모를 확대하고 할인율을 상향 조정하는 방안을 검토하고 있어요. 실질적으로 지역 경제 활성화에 기여할 수 있는 대책이 나오기를 기대합니다.

개념 어휘
1. 지역 화폐: 특정 지역에서만 사용할 수 있는 화폐로, 해당 지역의 경제를 활성화하기 위해 정부나 지자체가 발행함.
2. 가맹점: 특정 서비스나 상품을 제공하는 데 동의한 상점이나 업체.

정리해 볼까요?

1. 지역 화폐란 무엇인가요?

2. 지역 화폐 사용의 장점은 무엇인가요?

3. 정부가 지역 화폐 가맹점 등록 기준을 연 매출 30억 원 이하로 제한한 이유는 무엇인가요?

4. 문단별 내용 정리
   - 1문단 : 지역 화폐의 정의와 도입 목적
   - 2문단 :
   - 3문단 :
   - 4문단 :
   - 5문단 :

생각해 볼까요?

5. 지역 화폐 사용의 한계를 극복하기 위한 방안을 제안해 보세요.

13-2 우당탕 교과서   관련 단원: 4-2 필요한 것의 생산과 교환

화폐 속 인물들의 셀프 자랑

이황: 안녕하세요. 저는 천 원의 주인공 이황입니다. 저는 조선 성리학을 체계화하고 주자의 이론을 발전시켜 '동방의 주자'라 불렸죠. 어릴 때부터 학문에 뛰어나 12살에 『논어』를 익혔어요. 34살에 과거 시험에 합격한 후, 40년 동안 관직에 있으면서 300명의 제자를 양성했답니다.

이이: 정말 대단하시네요. 저는 오천 원의 주인공 이이입니다. 이황 선생님과 함께 조선의 대학자로 쌍벽을 이뤘죠. 저는 3살 때 글을 깨우치고, 13살에 진사 초시에 장원으로 합격했으며, 아홉 번이나 장원으로 급제해 '구도장원공'으로 불렸어요. 대동법 시행을 건의하고 향약 규범을 실천하면서 백성을 위한 개혁에 힘썼습니다.

세종대왕: 만 원의 주인공 세종대왕일세. 조선 초기 유교 정치의 기틀을 마련하고 집현전을 통해 많은 인재를 양성했지. 한자를 모르는 백성들을 위해 훈민정음을 창제했고 말이야. 이를 통해 모든 백성이 쉽게 글을 배울 수 있도록 했지.

신사임당: 저는 오만 원의 주인공 신사임당입니다. 조선 중기의 여성 예술가이고, 오천 원의 주인공인 율곡 이이의 어미이기도 합니다. 어려서부터 글 공부와 수놓기를 좋아하며 그림에도 뛰어난 재능을 보였죠. 자녀 교육에도 힘써 아들 넷과 딸 셋을 훌륭하게 키워 냈답니다.

이황: 신사임당 선생님, 정말 대단하십니다. 여성의 사회 활동이 제한된 시대에 그렇게 많은 업적을 이루시다니요.

이이: 어머니, 정말 존경합니다. 어머니의 가르침 덕분에 제가 이렇게 성장할 수 있었어요.

세종대왕: 모두 각자의 자리에서 최선을 다해 조선을 빛냈구만. 함께 모여 있으니 정말 자랑스럽다네.

신사임당: 우리 모두가 조선을 위해 헌신한 것처럼, 후대에도 우리의 정신이 이어지면 좋겠네요.

어휘 통통

돈과 관련된 속담

1) 사람 나고 돈 났지 돈 나고 사람 났냐
누구나 돈을 많이 벌어 부자가 되기를 원해요. 하지만 아무리 돈이 좋다고 해도, 사람보다 귀할 수는 없지요. 돈만 밝히는 사람을 나무라는 말이에요.

2) 땅을 열 길 파도 고리전 한 푼 생기지 않는다
돈이 공짜로 생기는 것이 아니므로 한 푼의 돈이라도 아껴서 쓰라는 뜻이에요.

3) 내 돈 서 푼은 알고 남의 돈 칠 푼은 모른다
남의 것은 소중한 줄 모르고, 자신의 것만 아까운 줄 아는 이기적인 사람을 비꼬아 이르는 말이에요.

4) 돈 주고 병 얻는다
'돈을 주어 가며 스스로 얻은 병'이라는 뜻으로, 스스로의 잘못으로 고생하게 된 경우를 이르는 말이에요.

---

1. 앞의 기사에 나온 여러 단어들 중 적절한 단어를 찾아 문장을 완성해 보세요.

기여   빈도   건의   양성

- 그 대학은 우수한 인재를 (   )하는 데 힘쓰고 있다.
- 학생들은 교내 시설 개선에 대한 (   )를 했다.
- 그 지역의 교통사고 (   )가 점점 높아지고 있다.
- 그 기업은 지역 사회 발전에 많은 (   )를 하고 있다.

13-3 생각 쑥쑥! 배경 지식을 넓혀라

돈의 생김새, 이렇게 바뀌었어요

물건을 살 때 주고받는 돈은 경제활동이 일어나는 모든 곳에서 쓰여요. 즉 화폐는 인류 문명과 함께 발전해 온 중요한 요소 중 하나지요. 그럼 우리나라의 화폐가 어떻게 바뀌었는지 그 변천 과정을 알아볼까요?

1. 물물교환

돈이 없던 옛날에는 각자 자기가 필요한 것을 직접 만들어 썼어요. 이것을 '자급자족'이라고 해요. 그러다 내가 만들어 쓸 수 없는 물건이 필요하기 시작했고, 서로 필요한 물건들을 바꾸기 시작했지요. 그렇게 사람들은 '물물교환'을 통해 필요한 물건과 서비스를 교환했어요. 하지만 커다랗고 무거운 물건은 가지고 다니기 불편했고, 물건마다 사람들이 생각하는 가치가 달랐기 때문에 교환하기 어려운 상황들이 생겼어요.

2. 물품 화폐

물물교환의 불편함을 느낀 사람들은 조개껍질, 소금, 곡식, 옷감과 같은 가볍고 가치 있는 물건들을 화폐처럼 사용하기 시작했는데 이것을 '물품 화폐'라고 불러요. 물고기 한 마리는 소금 반 되, 닭 한 마리는 소금 한 되, 돼지 한 마리는 소금 다섯 되, 이런 식으로 물건의 값을 정한 것이죠. 물품 화폐는 물물교환보다 물건을 편리하게 바꿀 수는 있었지만, 상하거나 깨지면 손해가 컸어요. 소금은 녹아 버릴 수 있었고요.

3. 금속 화폐

물품 화폐의 불편함으로 생각해 낸 것이 바로 금속 화폐예요. '금속 화폐'란 금이나 은 같은 금속을 화폐로 이용하는 것이지요. 금, 은, 구리 등이 주로 사용되었으며, 금속의 무게와 순도에 따라 가치가 결정되었어요. 금속 화폐는 가지고 다니기 쉬웠고 보관이 편리했어요. 또 깨질 염려도 없고 상하지도 않아서 인기가 좋았지요. 하지만 물건을 바꿀 때마다 일일이 무게를 재야 한다는 문제가 있었어요. 쌀을 살 때도, 옷감을 살 때도 금속의 무게를 저울에 매번 달아야 하는 것은 너무 불편했어요.

4. 주조 화폐

매번 무게를 재는 불편함을 없애고자 사람들은 아예 일정한 형태와 무게로 금속을 녹여 동전처럼 둥글게 만들었어요. 이것이 바로 '주조 화폐'예요. 동그란 엽전을 줄에 꿰어서 가지고 다니던 옛날 사람들의 모습을 본 적이 있지요? 그런데 주조 화폐도 편리하긴 했지만 많은 양을 가지고 다니려면 무거워서 불편했어요.

조선 시대에 사용한 상평통보

5. 종이 화폐

무거움을 해결한 것은 바로 종이로 만든 돈인 '지폐'예요. 지폐는 그 어떤 화폐보다 훨씬 가볍고 편리했지요. 하지만 한꺼번에 많은 물건을 산다든지, 비싼 물건을 살 경우에는 지폐를 수십, 수백 장씩 들고 다녀야 했어요.

6. 다양한 화폐

지폐의 불편함을 해결하고자 생겨난 것이 수표와 신용카드, 전자 화폐예요. 21세기에 들어서면서 비트코인과 같은 암호 화폐가 등장했는데 이는 블록체인 기술을 기반으로 하며, 중앙 기관 없이도 거래가 가능하다는 특징이 있어요.

■ **미래에는 어떤 화폐들이 생겨날까요?**

14-1 신기한 뉴스 키워드: 지뢰, 비무장지대

나뭇잎 모양 지뢰, 장마철 안전 위협

장마철을 맞아 북한이 비무장지대에 매설한 지뢰가 남쪽으로 유실될 우려가 커지자, 정부가 국민들에게 주의를 당부하고 나섰어요. 특히 최근 북한이 나뭇잎 모양의 지뢰를 매설한 사실이 알려져 그 위험성이 부각되고 있어요.

나뭇잎 지뢰는 모양 자체가 나뭇잎을 닮아 육안으로 식별하기 어렵다고 해요. 앞뒷면이 초록색과 갈색으로 칠해져 실제 나뭇잎과 구별이 힘들고, 플라스틱 재질로 만들어져 금속탐지기로도 찾기 어렵지요. 크기는 일반 스마트폰 정도이며, 무게는 40~60g으로 가벼워 땅에 묻지 않고도 손으로 던져 살포할 수 있다는 특징이 있습니다. 이러한 특성으로 인해 장마철 물길을 따라 쉽게 떠내려 올 가능성이 높아요.

나뭇잎 지뢰는 일반 지뢰보다 살상력이 크며, 3kg의 하중만으로도 폭발할 수 있어 위험성이 큽니다. 군 당국은 이러한 지뢰가 하천을 통해 남한으로 유입될 가능성을 높게 보고 있으며, 의심스러운 물체를 발견할 경우 절대 접촉하지 말고 군부대나 경찰서에 신고해 줄 것을 당부했어요.

실제로 장마철에는 북한에서 유실된 지뢰로 인한 사고가 빈번히 발생하고 있어요. 2020년 김포대교 북단 한강변에서는 낚시꾼이 지뢰를 밟아 크게 다쳤고, 2010년에는 경기도 연천 임진강 유역에서 목함지뢰 폭발로 사상자가 나왔어요.

군 관계자는 "북한군이 지난 4월부터 비무장지대 북측 지역에 수만 발의 지뢰를 매설했으며, 이로 인해 지뢰 유실 우려가 높아졌다"며, 의도적으로 지뢰를 유실시킬 가능성도 배제할 수 없다고 밝혔어요.

개념 어휘
1. 비무장지대: 군사 활동이 금지된 구역.
2. 유실: 물건이 잃어버려지거나 떠내려감.
3. 살포: 뿌려서 흩어지게 함.

정리해 볼까요?

1. 이 기사는 무엇에 대해 설명한 글인가요?

2. 나뭇잎 지뢰의 특징 3가지를 글에서 찾아 적어 보세요.

3. 그동안 북한에서 유실된 지뢰로 인해 발생한 사고로는 어떤 것들이 있나요?

4. 문단별 내용 정리

    1문단 : 장마철을 맞아 북한 지뢰의 유실 우려와 주의 당부
    2문단 :
    3문단 :
    4문단 :
    5문단 :

생각해 볼까요?

5. 지뢰의 위험성에 대해 조사한 다음, 조사한 내용을 정리해 보세요.

14-2 우당탕 교과서 관련 단원: 6-2 지구촌의 평화와 발전

지뢰 없는 세상을 향해: ICBL의 노력

기자: 안녕하세요, ICBL 관계자님. 인터뷰에 응해 주셔서 감사합니다. 우선, ICBL에 대해 간략히 소개해 주시겠습니까?

ICBL 관계자: ICBL은 'International Campaign to Ban Landmines'의 약자로, 지뢰 금지를 위한 국제 캠페인을 의미해요. 전 세계적으로 지뢰 사용 금지, 지뢰 제거, 그리고 지뢰 피해자 지원을 목표로 활동하고 있어요.

기자: 구체적인 활동에 대해 좀 더 말씀해 주시겠어요?

ICBL 관계자: 물론입니다. 첫째, 지뢰 금지 협약을 지키도록 하고 이를 지키지 않는 국가들을 압박합니다. 둘째, 지뢰 제거 작업을 지원하고, 최신 기술을 활용한 지뢰 탐지와 제거 방법을 개발합니다. 셋째, 지뢰 피해자들에게 의료 지원, 재활 프로그램, 그리고 사회적 통합을 위한 교육을 제공합니다.

기자: 한반도의 상황도 매우 심각한데요. 특히 비무장지대에 많은 지뢰가 매설되어 있죠. 한반도에서의 활동은 어떤가요?

ICBL 관계자: 한반도 비무장지대는 세계에서 가장 지뢰가 많이 매설된 지역 중 하나입니다. 저희는 지뢰 제거 활동을 지원하고 있는데 특히, 지뢰로 인한 민간인 피해를 최소화하기 위해 교육 프로그램을 운영하고, 지뢰 피해자들을 위한 지원 활동도 펼치고 있어요.

기자: 세계 모든 나라의 협력이 이루어지기 어려운 상황에서, 어떤 도전 과제를 겪고 계신가요?

ICBL 관계자: 가장 큰 도전은 정치적 긴장과 신뢰 부족이지요. 하지만 인도적 차원에서 지뢰 제거는 반드시 필요한 일이에요.

기자: ICBL의 활동은 많은 사람들에게 희망을 주고 있는 것 같아요. 마지막으로 전하고 싶은 메시지가 있다면 무엇인가요?

ICBL 관계자: 지뢰는 전쟁이 끝난 후에도 사람들의 삶을 위협하는 무기입니다. 지뢰 금지와 제거는 꼭 필요합니다. 전 세계 모든 사람들이 지뢰 문제에 관심을 갖고, 함께 해결해 나가기를 바랍니다.

어휘 통통

구별 vs 식별

구별(區別)과 식별(識別)은 '구분하는 것'을 의미하는 단어인데 조금 다르게 사용돼요.

1) **구별:** 사물이나 사람의 특징을 구분하여 차이점을 인식하는 것을 말해요.
   - 그는 쌍둥이 형제를 잘 구별할 수 있다.
   - 그녀는 여러 가지 꽃을 구별할 줄 안다.

2) **식별:** 사물이나 사람을 인식하는 것을 말해요.
   - 그는 수많은 사람들 속에서 친구를 쉽게 식별할 수 있다.
   - 그녀는 먼 거리에서도 그 사람을 식별할 수 있었다.

---

1. 앞의 기사에 나온 여러 단어들 중 적절한 단어를 찾아 문장을 완성해 보세요.

| 식별 | 매설 | 비무장 지대 | 유실 | 육안 |

- (   )에는 민간인의 출입이 엄격히 통제되고 있다.
- 집중 호우로 인해 다리가 (   )되어 교통이 마비되었다.
- 비무장지대 내에는 다수의 지뢰가 (   )되어 있다.
- 경찰은 CCTV 영상을 통해 범죄 용의자를 (   )하고 있다.
- (   )으로는 이 제품의 결함을 발견하기 어려워 보인다.

14-3 생각 쑥쑥! 배경 지식을 넓혀라

갈등을 해결하는 전 세계 비정부 기구들

유엔은 2차 세계대전이 끝나고 평화로운 방법으로 지구촌 갈등을 해결하고자 만든 국제 협력 단체예요. 그럼 유엔 이외에 지구촌 갈등을 해결하기 위해 노력하는 '비정부 기구'들을 좀 더 알아볼까요?

1. 국경 없는 의사회

프랑스 의사 베르나르 쿠슈네르에 의해 설립된 비정부 기구로, 전쟁, 전염병, 자연재해 등으로 피해를 입은 사람들에게 긴급 의료 지원을 제공하는 단체예요. 의사, 간호사, 공중보건 전문가 등 다양한 의료인들이 자원봉사자로 참여하며, 전 세계 70여 개국에서 활동하고 있어요.

2. 그린피스

그린피스는 환경 보호를 목표로 하는 비정부 기구로, 주로 기후 변화, 해양 보호, 삼림 파괴, 독성 물질, 핵문제 등을 다루어요. 전 세계 55개국에 사무소를 두고 있는데, 독립성을 유지하기 위해 정부나 기업의 기부를 받지 않고 개인 기부와 재정 지원을 통해 운영돼요.

3. 세이브 더 칠드런

세이브 더 칠드런은 영국에서 설립된 비정부 기구로, 아동의 권리와 복지를 증진시키기 위해 노력하는 단체예요. 이 단체는 긴급 구호, 교육, 건강, 경제적 기회 제공 등 다양한 프로그램을 통해 아동이 안전하고 건강하게 성장할 수 있도록 지원하지요. 특히, 전쟁과 재난으로 인해 고통받는 어린이들을 돕는 데 주력하며, 전 세계 120여 개국에서 활동하고 있어요.

4. 핵무기 폐기 국제 운동(ICAN)

ICAN은 핵무기의 완전한 폐기를 목표로 하는 비정부 기구예요. 이 단체는 핵무기의 비

인도적 영향을 강조하며, 핵무기 금지 조약 채택을 촉구하는 활동을 해요. 2017년에는 핵무기 금지 조약의 채택을 이끌어 냈어요.

5. 해비타트

해비타트는 미국에서 설립된 비정부 기구로, 저소득층 가정이 안전하고 저렴한 주택을 소유할 수 있도록 돕는 것을 목표로 하는 곳이에요. 해비타트는 자원봉사자, 후원자, 지역 사회와 협력하여 주택 건설, 재건축, 수리 등을 지원해요. 또 전쟁, 자연재해 등으로 터전을 잃어버린 사람들에게 집을 지어 주기도 해요. 현재 전 세계 70여 개국에서 활동하고 있으며, 100만 가구 이상에 주택을 제공했어요.

6. 국제 앰네스티

영국에서 설립된 국제 인권 단체로, 정치범 석방, 사형제 폐지, 고문 금지 등 인권 보호를 위한 캠페인을 벌이며, 인권 침해 사례를 조사하고 보고서를 발간하는 일을 해요. 서명 운동과 청원 활동을 통해 영향력을 행사하는데 세계적으로 가장 영향력 있는 인권 단체 중 하나로 평가받고 있어요.

7. 세계자연기금

국제 환경 보호 단체로, 멸종 위기 동물 보호, 산림 보전, 해양 생태계 보호 등을 위한 다양한 프로젝트를 진행하고 있어요. 정부와 기업, 지역 사회와 협력하여 지속 가능한 발전을 추구하며, 환경 교육과 캠페인을 통해 대중의 인식을 높이는 데에도 힘쓰고 있어요.

■ 여러분은 어떤 '비정부 기구'에서 활동해 보고 싶나요?

15-1 신기한 뉴스   키워드: 문화유산, 문화재 도난, 신윤복

조선 후기에 그려진 신윤복의 그림 도난

　조선 후기의 유명한 화가 혜원 신윤복의 그림이 도난당해 큰 주목을 받고 있습니다. 후암미래연구소는 최근 신윤복의 〈고사인물도〉가 사라졌다고 서울 종로구청에 신고했어요.
　〈고사인물도〉는 신윤복이 1811년에 그린 그림으로, 삼국지 이야기 중 하나인 '칠종칠금'을 그린 그림이에요. '칠종칠금'은 제갈량이 남만왕 맹획을 일곱 번 잡았다가 놓아 준 이야기인데요, 감화된 맹획이 제갈량의 편으로 돌아서죠. 그림의 우측 상단에는 '조선국 혜원이 그리다'라는 글씨가 적혀 있어 신윤복의 그림임을 알 수 있다고 해요.
　국가유산청에 따르면, 이 그림은 1811년 조선이 일본에 마지막으로 조선통신사를 파견할 때 그려서 가져간 것으로 추정됩니다. 일본에서 개인이 소장해 온 것을 2008년 후암미래연구소장 선친이 구입해 국내로 들여왔고, 2010년 숙명여대 박물관 전시와 2015년 국립고궁박물관의 '그림으로 본 조선통신사' 전시에서 선보이기도 했어요.
　국가지정문화재는 아니지만, 신윤복이 그렸다고 적혀 있고 조선통신사의 외교 활동과 연관된 사료란 점에서 역사적 가치가 큰 그림이지요. 관계자는 "이 그림은 단순한 예술 작품을 넘어 우리 문화유산의 중요한 부분을 차지하고 있다"며, "하루빨리 그림이 안전하게 돌아오기를 간절히 바라고 있다"고 덧붙였어요.
　이번 사건을 계기로 문화재 보호의 중요성이 다시 한번 강조되고 있어요. 많은 이들이 간절히 바라는 것처럼, 신윤복의 소중한 그림이 다시 안전하게 돌아오면 좋겠습니다.

개념 어휘
1. 문화유산: 한 민족이나 국가가 과거로부터 물려받아 보존하고 있는 문화적 자산.
2. 감화: 좋은 영향을 받아 생각이나 감정이 바람직하게 변화함. 또는 그렇게 변하게 함.
3. 추정: 미루어 생각하여 판정함.

정리해 볼까요?

1. 〈고사인물도〉는 어떤 이야기를 그린 그림인가요?

2. 〈고사인물도〉는 왜 일본에 있었나요?

3. 〈고사인물도〉의 역사적 가치는 무엇인가요?

4. 문단별 내용 정리
   1문단 : 신윤복의 고사인물도 그림 도난
   2문단 :
   3문단 :
   4문단 :
   5문단 :

생각해 볼까요?

5. 이번 도난 사건이 문화유산 보호에 어떤 영향을 미칠 수 있을까요?

15-2 우당탕 교과서   관련 단원: 4-1 우리가 알아보는 지역의 역사

상상 인터뷰 우리 문화재 지킴이 전형필

기자: 안녕하세요, 전형필 선생님. 먼저 간단한 자기소개 부탁드립니다.

전형필: 안녕하세요, 저는 간송 전형필입니다. 교육가이자 문화재 수집가로, 우리나라의 문화재를 수집하고 그 가치를 알리는 데 평생을 바쳤지요.

기자: 어떻게 문화재 수집에 관심을 가지게 되셨나요?

전형필: 어릴 때부터 서책을 모으고 책 읽기에 몰두한 것이 계기가 되었어요. 특히 스승이셨던 고희동 선생님의 소개로 위창 오세창 선생님을 만나면서 우리 문화의 소중함을 깨닫게 되었어요.

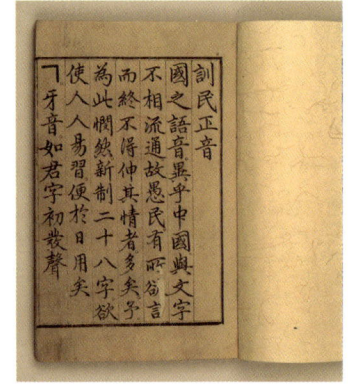
훈민정음 해례본

기자: 아, 그렇군요. 가장 궁금한 것은 훈민정음 해례본을 발견한 일화인데요. 어떻게 그 일을 이루셨나요?

전형필: 1940년, 안동에서 훈민정음 해례본이 나타났다는 소식을 들었어요. 큰돈이 필요했지만 지체 없이 1만 1,000원을 주며 구해 달라고 부탁했어요. 그 덕분에 해례본을 지킬 수 있었어요.

기자: 1만 1,000원이요? 그 당시 돈으로 어느 정도 큰돈이었나요?

전형필: 당시 큰 기와집 11채 값이었어요.

기자: 엄청난 가격이었군요. 그렇게까지 하신 이유가 있으실까요?

전형필: 문화재는 우리의 역사와 정체성을 담고 있어요. 특히 훈민정음 해례본은 꼭 보존할 가치가 있었습니다. 6·25 당시에도 이 책 한 권만은 챙겨 피난길에 올랐어요.

기자: 일제 강점기에도 많은 문화재를 지키셨는데, 어떤 노력을 하셨나요?

전형필: 일제의 민족 말살 정책에 맞서 많은 고미술품을 구입하고, 일본으로 반출된 문화재를 되사들이기 위해 노력했어요. 이를 통해 수많은 문화재를 보호할 수 있었지요.

기자: 국민을 대표해서 제가 감사의 인사를 드립니다.

어휘 통통

반출

'반출'이라는 단어는 한자로 '搬出'라고 써요. 搬(옮길 반)은 '옮기다, 이동시키다'의 의미를 가집니다. 出(날 출)은 '나가다, 나오다'의 의미를 가집니다. 따라서 '반출(搬出)'은 물건이나 자산을 한 장소에서 다른 장소로 옮기는 행위를 의미해요.
- 이 제품은 해외로 반출이 제한되어 있습니다.
- 창고에서 물품을 반출하기 전에 재고 목록을 확인해야 합니다.

1. 앞의 신문 지문에 나온 여러 단어들 중 적절한 단어를 찾아 문장을 완성해 보세요.

　　파견　　　　선친　　　　소장　　　　사료　　　　반출

- 박물관은 귀중한 역사 유물을 (　　　　)하고 있습니다.
- 회사는 규정에 따라 (　　　　) 절차를 엄격히 관리하고 있습니다.
- 회사는 해외 프로젝트를 위해 기술자를 (　　　　)했습니다.
- (　　　　)께서는 항상 가족을 위해 헌신하셨습니다.
- 이 책은 역사적 (　　　　)로써 매우 중요한 가치를 지닙니다.

2. '반출'이란 단어를 이용해서 짧은 글을 지어 보세요.

15-3 생각 쑥쑥! 배경 지식을 넓혀라

누가 그 작품을 훔쳐 갔을까?

미술품 도난은 오래전부터 있어 왔어요. 고대 이집트에서도 피라미드 속에 파라오와 함께 묻힌 값비싼 공예품들은 늘 도굴의 대상이 되었죠. 그럼 역사적으로 유명한 미술품 도난 사건에는 무엇이 있을까요?

1. 레오나르도 다 빈치의 〈모나리자〉

도난당한 미술품 중에서 가장 유명한 작품은 레오나르도 다 빈치의 〈모나리자〉예요. 1911년, 루브르 미술관에 전시되었던 〈모나리자〉가 사라지자 미술관은 일주일 동안 문을 닫고 수사를 했어요. 루브르 미술관을 불태워 버려야 한다고 말하곤 했던 시인 아폴리네르도 혐의를 받았고 그와 어울리던 피카소까지 조사를 받았으나 무혐의로 풀려났어요. 이 그림은 2년 동안이나 자취를 감추었다가 루브르 미술관 직원이었던 이탈리아인 빈센조 페루지아의 아파트에서 발견되었어요. 피렌체의 우피치 미술관에 팔려고 교섭하다가 붙잡힌 그는 레오나르도 다 빈치가 이탈리아 태생이기 때문에 그의 작품 〈모나리자〉도 조국으로 돌아가야 한다는 생각에서 훔쳤다고 밝혔어요. 아이러니컬하게도 이 도난 사건 때문에 〈모나리자〉는 더 유명해졌어요.

2. 뭉크의 〈절규〉

에드바르트 뭉크의 〈절규〉는 유명세 때문인지 두 번이나 절도를 당했어요. 첫 번째는 1994년으로, 오슬로 노르웨이 국립 미술관의 유리창으로 들어온 도둑이 〈절규〉를 훔쳤어요. 이 모든 과정은 단 50초 만에 일어났고, 그림이 사라진 현장에는 범인이 남긴 조롱 섞인 한 장의 쪽지가 발견되었어요. "허술하고 한심하기 짝이 없는 경비에 감사드립니다."

오슬로 경찰은 노르웨이 경찰의 자존심을 걸고 그림을 되찾기 위한 함정수사를 기획했어요. 미술품 암거래 시장에 도난당한 그림을 비밀리에 구입하고 싶어 하는 수집가가 있다는 소문을 흘린 것이었지요. 얼마 안 가 범인들이 이 미끼를 물었고, 다행히 그림은 3개월 만에 무사히 돌아올 수 있었어요.

두 번째 시련은 2004년에 일어났어요. 10년 후인 2004년 8월 20일, 검은 복면으로 무장한 2명의 괴한이 침입하여 관광객들을 향해 총구를 겨누고 박물관에 있던 〈절규〉와 〈마돈나〉를 함께 가져갔어요. 수개월 뒤 범인은 검거되었지만 그림의 행방은 2년 동안 묘연했어요.

2006년 8월 31일, 경찰은 용의자들의 감시 수사와 7만 건 이상의 전화 도청을 통해 그림을 회수하게 되었어요. 하지만 발견 당시 그림은 심하게 훼손되어 있었고, 2년 동안의 복원 작업을 거쳐야 했어요.

3. 금동연가7년명여래입상

제작연도가 밝혀진 입상 중에서 가장 오래된 금동연가7년명여래입상은 1964년 3월 국보로 지정되었어요. 그런데 3년 뒤 덕수궁 미술관에 전시 중이던 불상이 감쪽같이 사라졌고 그 자리에는 범인의 메모가 있었지요.

"나는 세계 기록을 남기기 위해 불상을 훔쳐 갔으니 경찰에게 알리지 마시오. 알리지 않는다면 오늘 밤 12시에 돌려주겠소." 경비원이 경찰에 신고했음에도 밤 11시경 범인으로부터 한 통의 전화가 걸려 왔어요. "불상은 한강철교 제3교각 16번과 17번 받침대 사이 모래밭에 있으니 찾아가시오."

다행히 불상은 무사히 되찾았지만, 아직도 이 사건은 범인이 누구인지, 왜 그랬는지 알 수 없는 희대의 미스터리로 남아 있어요.

■ 도난 사건과 그 작품의 인기와는 어떤 관계가 있을까요? 내 생각을 정리해서 적어 보세요.

16-1 신기한 뉴스 키워드: 가족, 반려동물, 펫팸족

반려동물 산업의 새로운 시대

우리나라에서 반려동물을 키우는 가구가 크게 늘어나면서, 이른바 '펫팸족(pet+Family)' 인구가 1,500만 명에 달하는 것으로 나타났어요. 농림축산식품부에 따르면 지난해 국내 펫팸족 가구 비중이 28.2%로 역대 최고치를 기록했다고 해요.

펫팸족은 반려동물을 가족처럼 여기는 사람들을 이르는 말이에요. 이들이 늘어나면서 반려동물 관련 산업, 즉 '펫코노미'도 두드러지게 성장세를 보이고 있지요. 반려동물 전용 보험 상품도 출시되었고, 반려동물과 함께하는 여행 상품도 다양하게 개발되고 있어요. 이러한 변화는 반려동물을 키우는 가구가 사회 전반에 큰 영향을 미치고 있음을 보여 줍니다.

백화점과 아울렛에서도 반려동물을 위한 다양한 상품과 서비스를 제공하고 있어요. 반려견들이 뛰어놀 수 있는 전용 야외 공원을 마련하고 프리미엄 토털 서비스를 제공하거나, 반려동물용 유모차인 '개모차' 대여 서비스, 반려동물 전문관을 운영하는 등의 방법으로 펫팸족의 눈길을 사로잡고 있어요.

반려동물용 유모차

한편, 반려견 사료 판매량이 아기 분유·이유식을 추월해서 눈길을 끌고 있어요. 올해 1~5월 기준으로 반려견 사료 판매 비중은 69%로, 아기 분유·이유식의 31%보다 2배 이상 많은 수치예요. 저출산 현상과 반려견 양육 인구가 증가하면서 이 같은 현상은 더 가속화될 전망이에요.

이처럼 반려동물을 키우는 가구가 늘어나면서 펫산업도 함께 성장하고 있어요. 펫푸드, 펫헬스케어, 펫서비스, 펫테크 등이 미래 지속 가능한 주요 산업으로 손꼽히는 이유입니다.

개념 어휘
1. 반려동물: 사람이 정서적으로 의지하고자 가까이 두고 기르는 동물.
2. 출시되다: 상품이 시중에 나오다.

정리해 볼까요?

1. 펫팸족이란 무엇인가요?

2. '펫코노미'가 성장세를 보이는 까닭은 무엇인가요?

3. 펫팸족을 위한 백화점과 아울렛의 서비스에는 어떤 것들이 있나요?

4. 문단별 내용 정리

 1문단 : 펫팸족 인구 증가
 2문단 :
 3문단 :
 4문단 :
 5문단 :

생각해 볼까요?

5. 반려동물을 키우는 집들이 늘어나면서 펫푸드, 펫헬스케어, 펫서비스 등 펫산업이 미래 유망 산업으로 손꼽히고 있어요. 또 어떤 펫산업이 필요할지 여러분의 생각을 적어 보세요.

태조 왕건의 혼인 정책

기자: 오늘은 바람둥이의 오명을 쓰고 계신 고려 태조 왕건님을 모시고 인터뷰하는 시간을 갖겠습니다. 안녕하십니까, 왕건님.

왕건: 안녕하세요. 이 억울함을 풀고자 인터뷰에 응했습니다.

기자: 평생 29명의 부인을 맞이하셨다고 들었습니다. 고려의 다른 왕들도 이렇게 많은 부인을 두었나요?

왕건: 아닙니다. 다른 고려 왕들의 평균 부인 수는 3.2명에 불과해요.

기자: 그렇다면 왜 그렇게 많은 부인과 혼인하셨는지 궁금합니다. 특별한 이유가 있으셨나요?

왕건: 네, 당시 고려를 건국하고 후삼국을 통일하기 위해서 가장 필요했던 것은 각 지방에서 힘이 있는 독립 세력이었던 호족들의 지원이었어요. 그래서 각 지방의 강력한 호족들과 동맹을 맺기 위해 혼인을 선택했지요.

기자: 왕의 혼인은 정치적 행위라는 거군요. 호족들의 입장에서도 그랬을까요?

왕건: 호족들 입장에서도 자신의 딸을 저와 혼인시킨다는 것은 훗날 최고의 권력을 차지할 수 있다는 의미였습니다. 그러니 주저할 이유가 없었을 겁니다.

기자: 부인들의 출신지가 전국에 퍼져 있는 것도 같은 이유일까요?

왕건: 네, 맞습니다. 황해도 9명, 경기도 4명, 강원도 3명, 충청도 3명, 경상도 6명, 전라도 2명 등 전국의 유력 호족들과 동맹을 맺었어요.

기자: 마지막으로, 자녀 수가 상당히 많은데요. 그중에서 특별히 많은 자녀를 낳은 왕비가 있었나요?

왕건: 네, 제3 비였던 신명순성왕후 유 씨가 5남 2녀, 총 7명의 자녀를 낳았습니다. 이 왕비와의 혼인이 특별한 이유는 그녀의 출신지가 전략적 요충지인 충주였기 때문입니다.

기자: 결혼과 자녀 출산이 정치적 이유였다는 것이 조금 씁쓸하기는 하지만 바람둥이가 아닌 정치적 전략이었다는 것을 알 수 있는 시간이었습니다. 인터뷰에 응해 주셔서 감사합니다.

어휘 통통

가족, 가구, 가정

1) 가족
가족은 혈연, 입양, 결혼 등으로 연결된 사람들의 집단을 의미해요. 전통적으로 부모와 자녀로 구성되지만, 현대 사회에서는 다양한 형태의 가족이 존재할 수 있어요.
- 우리 가족은 매년 여름에 바닷가로 휴가를 떠난다.
- 가족들과 함께하는 저녁 식사는 하루 중 가장 소중한 시간이다.

2) 가구
가구는 같은 집에서 함께 사는 사람들의 집단을 의미해요. 여기에는 혈연관계가 없는 사람들도 포함될 수 있어요. 예를 들어, 룸메이트나 하숙생이 한집에 함께 사는 경우도 가구로 분류되지요.
- 우리 집은 다인 가구로, 부모님과 형제자매가 함께 산다.
- 이 아파트 단지에는 많은 단독 가구가 살고 있다.

3) 가정
가정은 가족 구성원들이 함께 모여 생활하는 장소 또는 그들의 생활 방식을 의미해요. 이는 물리적 공간뿐만 아니라 정서적, 사회적 관계를 포함하지요.
- 행복한 가정은 서로 사랑하고 지지하는 가족 구성원들로 이루어진다.
- 가정 내에서의 교육이 아이들의 인성 형성에 큰 영향을 미친다.

---

1. '가족, 가구, 가정' 중 적절한 단어를 찾아 문장을 완성해 보세요.
   - (   )의 화목은 구성원들의 상호 존중과 이해에서 시작된다.
   - 이번 주말에는 온 (   )이 함께 등산을 가기로 했다.
   - 우리 아파트에는 다양한 형태의 (   )가 살고 있다.

16-3 생각 쑥쑥! 배경 지식을 넓혀라

결혼, 역사를 바꾸다

옛날 왕족들은 가족을 만드는 '혼인'을 하나의 정책으로 활용했어요. 혼인 정책으로 유명한 왕족들을 알아볼까요?

1. 고려 태조 왕건

태조 왕건은 무려 29명의 부인이 있었어요. 왕건은 왜 29명이나 되는 여인들과 혼인을 했을까요? 왕건은 고려 건국 이후 후백제와 전쟁을 벌이고 신라를 의식해야 하는 상황이었어요. 이때 왕건이 가장 필요로 한 것은 각 지방에서 독립 세력으로 존재하던 호족들의 지원이었지요. 그래서 각 지방의 유력 호족과 '혼인'을 통해 가장 강력한 동맹을 맺었어요. 그러다 보니 왕건 부인들의 출신지는 전국에 걸쳐서 나타나요. 황해도 9명, 경기도 4명, 강원도 3명, 충청도 3명, 경상도 6명, 전라도 2명, 지역 미상 2명이죠. 왕건이 29명의 부인과 혼인해서 낳은 자녀들은 왕자가 25명, 공주가 9명으로 총 34명이었어요.

2. 합스부르크

스위스 북부 시골의 가난한 백작 가문에서 출발하여 유럽과 세계를 제패했던 합스부르크 가문은 13세기부터 약 600여 년간 오스트리아를 거점으로 유럽의 패권을 휘어잡았어요.

처음 합스부르크는 스위스 알프스 산맥 인근의 아르가우 지역의 작은 시골 귀족 가문에 불과했는데, 알프스 산악과 평원 지대가 교차하는 지형을 활용하여 통행세를 받으며 막대한 부를 축적했고, 황실 및 명문가들과의 정략 결혼을 통해 유력가로 성장했어요.

합스부르크 가문은 프랑스를 견제하기 위해 스페인 왕실과 헝가리 왕실에 손을 내밀었고 후손들을 연이어 이중 결혼시키며 겹사돈을 맺기도 했지요. 그런데 결혼 이후 운명의 장난처럼 스페인-헝가리 왕실의 상속자들이 줄줄이 사망하거나 통치가 불가능한 상태가 되면서 자연히 그 상속권은 합스부르크가로 넘어갔어요.

이렇게 합스부르크가는 결혼 정책을 통하여 프랑스를 제외한 유럽 일대와 아메리카까지 '해가 지지 않는 제국'을 건설했어요. 펠리페 1세와 스페인 공주 후아나 사이에서 태어난

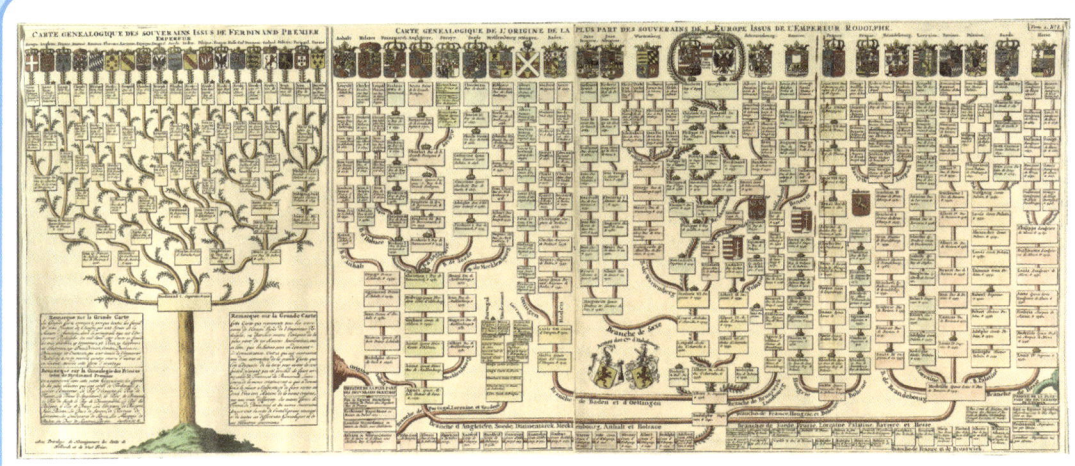
합스부르크 가계도

카를 5세(1500~1558)의 시대에 이르러서는 합스부르크의 군주는 신성로마제국 황제와 스페인 국왕을 비롯해 무려 20여 개의 직함을 가졌을 정도였지요.

거대한 제국을 건설한 합스부르크의 다음 목표는 이 영토를 지켜내는 것이었어요. 결혼 정책으로 큰 수혜를 누리게 된 합스부르크는 영토를 지키기 위해서 '가문의 혈통이 끊기지 않는 것'이 가장 중요하다고 생각했어요. 그래서 선택한 방식은 바로 '근친혼'이었어요. 사촌들끼리의 결혼, 심지어 삼촌-조카 사이의 결혼으로 영토를 지키고자 했는데, 이후 심각한 기형과 유전병으로 고생하게 되었어요.

■ **옛 왕족들의 결혼 정책에 대한 여러분의 생각을 적어 주세요.**

17-1 신기한 뉴스 키워드: 디지털 영토 주권, 역사 왜곡, 생성형 AI

생성형 AI와 한국 역사 왜곡 확산

한국의 디지털 영토 주권이 위협받고 있어요. 생성형 AI인 챗GPT와 코파일럿 등이 일본과 중국의 왜곡된 한국 역사 정보를 수집하고 확산시키는 통로가 되고 있기 때문입니다. 애플은 6월 10일에 챗GPT를 음성 비서 시리에 통합한다고 발표했는데, 그러면 전 세계 애플 제품 사용자들이 왜곡된 정보를 얻게 될 수도 있어요.

문제는 인공지능의 영향력이 커질수록 인공지능이 사람들의 생각을 잘못된 방향으로 이끌 수 있는 위험이 있다는 점이에요. 어떤 나라가 자기 역사나 영토, 문화를 더 좋게 보이게 하려고 왜곡된 정보로 인공지능을 이용할 수 있다는 것이죠. 예를 들어, 챗GPT가 한국의 동해 바다 이름을 '일본해'로, 독도를 일본의 '다케시마'로 잘못 알려 주면, 이 정보를 처음 접하는 사람들은 그것이 진짜인 것으로 생각할 수 있어요.

반크(대한민국을 알리는 민간 사회 기여 단체)는 일본과 중국 정부가 전 세계에 홍보한 자료를 기반으로 AI가 학습하고 있는 게 문제라고 지적했어요. 그래서 반크는 디지털 영역에서 영토 주권의 중요성을 강조하며, 한국의 올바른 영토, 역사, 문화 정보를 전 세계 웹사이트와 교과서에 확산시켜 디지털 영토 주권을 수호해야 한다고 주장합니다.

우리나라는 정보통신 분야에서 앞서가는 나라이기 때문에 생성형 AI를 통해 선제적으로 한국 홍보 활동에 나설 필요가 있어요. 반크는 중국의 역사 왜곡을 알리기 위한 디지털 포스터를 제작해 SNS에서 배포하고, 글로벌 청원을 전개하고 있지요. 정부, 국회, 학계, 기업, 민간이 협력해 생성형 AI를 대상으로 한 국가 홍보 전략을 세우고 체계적으로 활동해야만 해요.

개념 어휘

1. 왜곡: 사실과 다르게 해석하거나 그릇되게 함.
2. 선제적: 선수를 쳐서 상대편을 제압하는 것.

정리해 볼까요?

1. 왜 우리나라의 디지털 영토 주권이 위협받고 있나요?

2. 인공지능의 영향력이 커질수록 어떤 위험이 생길 수 있나요?

3. 반크가 디지털 영역에서 영토 주권을 수호하기 위해 강조하는 사항과 활동을 적어 보세요.

4. 문단별 내용 정리

   1문단 : 디지털 영토 주권을 위협받고 있는 우리나라

   2문단 :

   3문단 :

   4문단 :

생각해 볼까요?

5. 생성형 AI가 잘못된 정보를 학습하고 확산하는 문제를 해결하기 위한 방법에는 어떤 것이 있을까요? 내 생각을 적어 보세요.

17-2 우당탕 교과서 관련 단원: 5-2 옛 사람들의 삶과 문화

윌리엄 그리피스의 조선은 어떤 모습?

기자: 안녕하십니까? 오늘은 우리나라에 대해 새로운 책을 내신 '윌리엄 그리피스'님을 모시고 인터뷰를 진행해 보려고 합니다. 작가님, 아직 작가님을 잘 모르는 한국분들을 위해 자기소개 부탁드립니다.

윌리엄: 안녕하세요. 저는 선교사이자 미국 역사학자로 동양을 연구하는 동양사학자 윌리엄 그리피스입니다.

기자: 이번에 『은자의 나라, 한국』이라는 책을 내셨는데, 어떻게 쓰시게 되었나요?

윌리엄: 제가 일본사에 관심이 많아 연구를 하다 보니, 조선의 역사를 모르고서는 일본을 알 수가 없더라고요. 그래서 조선에 대해 알아보고 책을 쓰게 되었습니다.

기자: 그러셨군요. 그럼 조선에도 방문하셨을 텐데 조선에 대한 느낌은 어떠셨나요?

윌리엄: 아, 저는 책을 쓰기 전에 조선에 가 본 적은 없습니다.

기자: 네? 조선에 와 보시지도 않고 조선에 대한 책을 쓰셨다는 말씀이신가요?

윌리엄: 네, 맞습니다. 일본에서 구한 자료들과 조선에 밀입국했던 프랑스 선교사들의 증언과 기록, 하멜과 같은 표류자들의 기록 등을 수집해서 책을 썼습니다.

기자: 그렇다면 사실 확인이 제대로 되지 않고 편향된 시각의 자료들을 이용하셨을 가능성도 있는 거군요.

윌리엄: ······.

『은자의 나라, 한국』 삽화

친일파로 알려진 윌리엄 그리피스. 그는 조선에 와 보지도 않은 채 일본의 자료만 가지고 조선에 대한 책을 저술했는데, 실제로 그 책 안에 많은 오류가 있음이 밝혀졌다.

어휘 통통

생성형 AI

생성형 AI(Generative AI)는 인공지능 기술 중 하나로, 기존의 데이터를 기반으로 새로운 데이터를 생성하는 기술이에요. 이러한 생성형 AI 시스템은 텍스트, 이미지, 오디오, 비디오 등 다양한 형태의 콘텐츠를 생성할 수 있어요.

다양한 창의적인 아이디어를 제공하며, 새로운 형태의 콘텐츠를 생성할 수 있어서 콘텐츠 제작 시간을 단축시키고, 반복적인 작업을 자동화할 수 있다는 장점이 있지요. 하지만 가짜 정보 생성, 저작권 문제, 편향된 콘텐츠의 생성 등 신뢰성과 윤리적 문제가 발생할 수 있지요. 이를 해결하기 위해 지속적인 연구와 발전이 필요한 상황이에요.

1. 앞의 신문 지문에 나온 여러 단어들 중 적절한 단어를 찾아 문장을 완성해 보세요.

| 왜곡 | 선제적 | 수호 | 배포 | 청원 |

- 개인의 건강 관리에 있어 (　　　　)인 예방이 중요하다.
- 가짜 뉴스의 무분별한 (　　　　)는 사회적 혼란을 야기할 수 있다.
- 정부는 국민의 (　　　　)에 성실히 답변하고 적극적으로 대응해야 한다.
- 언론의 (　　　　)된 보도는 대중의 인식을 잘못 형성시켜 사회적 혼란을 야기할 수 있다.
- 시민들은 민주주의를 (　　　　)하기 위해 끊임없이 노력해야 한다.

17-3 생각 쑥쑥! 배경 지식을 넓혀라

잘못 알려진 우리나라 역사들

윌리엄이 쓴 책과 생성형 AI의 독도 왜곡 등 우리나라 역사가 잘못 알려진 경우가 많아요. 그 외에 잘못 알려진 우리나라의 역사에는 무엇이 있을까요?

1. 불효의 상징 '고려장'

고려장은 늙은 부모를 산속의 구덩이에 버려두었다가 죽은 뒤에 장례를 지냈다는 풍습으로, '고려'라는 명칭 때문에 우리나라 고려 시대에 있었던 장례 풍습처럼 인식되고 있어요. 그런데 이 용어가 처음 확인된 기록이 바로 윌리엄 그리피스가 쓴 책입니다. 이 책에서 그리피스는 '한국의 고대 사회는 노인을 산 채로 묻어 버리는 고려장과 산신이나 해신에게 사람을 제물로 바치는 인제가 성행했다'고 서술하고 있어요.

그런데 우리나라 역사서 어디에서도 '고려장'이라는 풍속에 대한 기록은 찾을 수가 없어요. 이 말은 일제 시대에 심의린이라는 사람이 저술한 『조선동화대집』에 처음 등장하는데, 이때는 일제가 우리나라의 왕릉이나 무덤을 심하게 도굴하던 시점이죠. 학계에서는 일제가 각종 부장품으로 그득한 옛 무덤을 도굴할 명분이 필요했는데, 고려인은 늙은 부모를 산 채로 내다 버리는 불효를 저지르는 사람들이므로 마음대로 도굴해도 된다는 내용을 만들어서 그 명분으로 삼았다고 보고 있어요.

2. 대동여지도와 관련된 이야기

"김정호는 백성들이 엉터리 지도를 보는 게 안타까워서 정밀한 지도를 만들고자 전국 8도를 돌며 '대동여지도'를 제작했어요. 그런데 쇄국 정책을 펴던 흥선 대원군은 너무나도 정밀한 지도를 보고 국가 기밀 누설을 염려해 지도를 새긴 목판을 몰수하고 불태웠어요. 또 김정호와 딸을 함께 옥에 가두어 숨지게 했어요."

여러분도 이와 같이 알고 있지는 않나요? 그런데 이것이 사실일까요? 1995년 10월 국립중앙박물관 창고에서 불태워졌다던 '대동여지도' 목판 총 22첩 중 11첩이 발견되었어요. '허위 역사'의 시작은 1934년 일제 강점기로 거슬러 올라가요. 당시 조선 총독부가 만든 국어 교과서에 김정호 전기가 실려 있었는데, 위의 내용은 그 안에 실려 있던 내용이에요. 조선 총독부의 날조였지만 지금까지도 역사책 곳곳에 그 잔재가 남아 있어요.

3. 임나일본부설

임나일본부설은 4세기 중반부터 6세기 중반까지, 일본이 한반도 남부에 통치기관을 두고 직접 지배를 했다는 설이에요. 『일본서기』에 의하면, 일본이 삼한 지역을 정벌한 뒤 임나 지역에 일본부를 설치했다고 해요. 여기서 '임나'는 가야 지역을 말하는데 일본은 가야를 넘어 전라도, 경상도 지역까지 포괄한다고 말하고 있어요. 일본은 이 내용을 역사 교과서에까지 실었어요.

일제 강점기 때 찍은 경북 고령의 대가야 왕릉지 모습

그런데 일본이 행정적인 지배 체제를 정비한 것은 7세기 후반 무렵이에요. 그러므로 일본 열도 내에서도 세력이 미치지 못하는 야마토국이 그보다 멀리 떨어진 가야를 4세기부터 경영하였다는 것은 불가능하다고 학계는 여겨요. 또 일본이 임나를 200년 동안이나 지배하였다면 그 지역에 일본 문화의 영향이 강하게 나타나야 하는데, 가야 지역 고분 발굴 자료들에 의하면 이런 모습이 전혀 보이지 않죠. 또 일본이라는 국호가 7세기 이후에 등장하는 만큼 일본부라는 명칭부터 역사적 근거가 부족하다고 보고요.

이런 억지 주장이 가능했던 것은 우리 역사에서 '가야'가 제대로 평가받지 못했기 때문이에요. 그래서 가야 역사에 대해 더 세밀한 조사와 연구가 이어져야 해요.

■ 역사 왜곡을 발견하게 되면 우리는 어떻게 대처해야 할까요?

18-1 신기한 뉴스 키워드: 역사적 건축물, 사그라다 파밀리아

사그라다 파밀리아, 144년 만에 완공

바르셀로나의 상징적인 건축물, 사그라다 파밀리아(성가정 성당)가 2026년에 완공된다고 해요. 1882년 안토니오 가우디의 설계로 착공된 이 성당은 144년 만에 그 위용을 완성하게 되는데, 가우디의 사망 100주기에 맞춰 완공하는 것을 목표로 하고 있어요.

성당의 건축 과정은 순탄치 않았어요. 스페인 내전과 재정 부족, 코로나19 팬데믹 등 다양한 어려움 속에서도 공사는 꾸준히 이어졌어요. 가우디가 1926년 사망했을 당시 성당은 겨우 10~15%만 완성된 상태였는데, 이후 가우디의 석고 모형과 재구성된 설계도를 바탕으로 공사를 이어 갔어요. 1984년에는 유네스코 세계문화유산으로도 지정되었지요.

172.5m의 '예수 그리스도의 탑'을 포함하여 성당의 주요 구조물들은 2025년과 2026년에 완성될 예정이지만, 성당 입구로 이어지는 계단 진입로는 2034년까지 공사가 계속될 전망이에요. 이는 성당 인근의 도시화로 인해 많은 주택과 상업 건물을 철거해야 하는 과제가 남아 있기 때문이에요.

사그라다 파밀리아는 그동안 공사 중에도 연간 500만 명의 관광객을 끌어모으며 바르셀로나의 대표 명소로 자리 잡았어요. 완공 시 이 성당은 독일의 울름 대성당(161.5m)을 제치고 세계에서 가장 높은 교회가 될 거예요. 2026년, 세계는 가우디의 대작이자 건축 역사의 기념비적인 순간을 맞이하게 될 예정입니다.

사그라다 파밀리아

개념 어휘

1. 착공: 공사를 시작함.
2. 위용: 위엄찬 모양이나 모습.
3. 순탄하다: 아무 탈 없이 순조롭다.
4. 기념비적: 오래도록 잊지 아니할 만한 가치가 있는 것.

정리해 볼까요?

1. 사그라다 파밀리아가 몇 년도에 완공될 예정인지, 그 연도가 무엇을 의미하는지 적어 보세요.

2. 사그라다 파밀리아가 건축 과정에서 겪은 어려움은 무엇인가요?

3. 사그라다 파밀리아가 완공될 때 생길 수 있는 좋은 점에는 무엇이 있을까요?

4. 문단별 내용 정리
   1문단 : 사그라다 파밀리아의 완공 예정일
   2문단 :
   3문단 :
   4문단 :

생각해 볼까요?

5. 사그라다 파밀리아가 완공되면 생길 수 있는 문제점은 없을지 생각해 보고 그에 대해 적어 보세요.

18-2 우당탕 교과서 관련 단원: 5-2 옛 사람들의 삶과 문화

석가탑에는 숨겨진 비밀이 있대

다보탑: 안녕, 석가탑. 나 너한테 궁금한 게 있어. 사람들이 너를 '무영탑'이라고도 부르던데, 왜 그런 거야?

석가탑: 아, 그건 아사달과 아사녀의 애절한 사랑 이야기 때문이야. 아사달은 백제의 뛰어난 석공이었는데, 불국사를 지은 김대성이 그를 불러 나를 만들어 달라고 했대. 그런데 생각보다 시간이 많이 걸리자, 그의 아내 아사녀가 직접 불국사로 찾아왔대. 그런데 탑이 완성되기 전까지 여자는 들어갈 수 없다는 금기가 있었나 봐.

다보탑: 뭐? 무슨 그런 금기가 다 있어?

석가탑: 하하. 아사녀는 그냥 돌아갈 수가 없어서 그 근처를 서성거렸대. 그때 한 스님이 "여기서 얼마 떨어지지 않은 곳에 자그마한 못이 있소. 지성으로 빈다면 탑 공사가 끝나는 대로 탑의 그림자가 못에 비칠 것이오. 그러면 남편도 볼 수 있을 것이오"라고 알려 주었대.

다보탑: 그래서 아사녀가 그 연못으로 간 거야?

석가탑: 응. 거기서 계속 탑의 그림자가 비치기를 기다렸대. 하지만 끝내 그림자가 비치지 않았다지 뭐야. 상심한 아사녀는 기력을 잃고 연못에 빠져 죽었다는구나.

다보탑: 남편 얼굴도 못 보고? 뿌엥. 그런 슬픈 이야기가 있었다니.

석가탑: 그래서 '그림자가 없는 탑'이라는 뜻으로 날 무영탑이라고 부르게 된 거야. 하지만 사실 아사달과 아사녀 이야기는 역사서에는 나오지 않아. 그 이야기는 1938년에 현진건이 쓴 소설 『무영탑』에서 유래했어.

다보탑: 사람들이 그 이야기를 진짜 역사로 알고 있는 거구나. 정말 재미있다. 나에게는 그런 슬픈 이야기가 없어서 정말 다행이야.

석가탑: 그래도 우리 둘 다 불국사의 중요한 탑이지.

다보탑: 맞아. 우리 이야기를 듣고 많은 사람들이 불국사를 찾아오면 좋겠어. 석가탑, 너와 함께 있어서 정말 든든해.

어휘 통통

공사와 관련된 단어

'착공'과 '완공'에서 사용된 '공(工)' 한자는 '일할 공'으로, 주로 건설이나 작업과 관련된 의미를 가져요.

- **착공(着工)**: 공사를 시작함. 건설 프로젝트나 작업이 실제로 시작하는 것을 의미해요.
- **기공(起工)**: 공사나 프로젝트의 시작을 공식적으로 알리는 행위나 절차를 의미. 프로젝트의 시작을 공식적으로 선언하고, 이를 기념하며, 공사 시작의 중요성을 알리는 데 목적이 있어요.
- **시공(施工)**: 설계에 따라 실제로 건설 작업을 수행하는 것을 말해요.
- **완공(完工)**: 공사가 완전히 끝남. 공사나 작업이 모두 완료되어 더 이상 작업이 필요 없다는 의미예요.
- **준공(竣工)**: 건축물이나 시설의 공사가 끝난 뒤 법적으로도 사용 준비가 완료된 상태. 주요 공정이 완료되고, 공식적으로 사용이 가능하게 된 시점을 말해요.

1. 다음 여러 단어들이 알맞게 들어가도록 빈칸을 채워 보세요.

| 착공 | 완공 | 준공 | 시공 | 기공 |

- 새로운 고속도로 건설 프로젝트가 이번 주에 (　　　　)될 예정입니다.
- 신축 아파트가 이번 달 말에 (　　　　)됩니다.
- 그 건물은 현재 (　　　　) 중입니다.
- 이번 주에 열릴 예정이던 이 빌딩의 (　　　　)식은 취소되었습니다.
- 도로 확장 공사가 (　　　　)되어, 내일부터 이용이 가능합니다.

18-3 생각 쑥쑥! 배경 지식을 넓혀라

우리나라의 전통적인 건축물, 탑

가톨릭을 주로 믿었던 유럽에는 성당이 많이 남아 있어요. 우리나라는 역사적으로 불교를 믿었던 기간이 길기 때문에 탑이 많이 남아 있고요. 그럼 대표적인 탑을 알아볼까요?

1. 정림사지 5층 석탑

미륵사지 석탑과 함께 현재 남아 있는 백제 석탑 중 하나예요. 정림사지 5층 석탑은 목탑의 구조와 비슷하지만, 돌의 특성을 살리면서 전체적인 형태가 매우 우아하고 아름다워요. 석탑 한 부분에는 나·당 연합군과 함께 백제를 멸망시킨 당나라 장수 소정방이 '백제를 정벌한 기념탑'이라는 뜻의 글귀를 남겨 놓기도 했어요.

정림사지 5층 석탑

2. 분황사 모전 석탑

흙을 구워서 만든 돌을 전돌이라고 해요. 분황사 모전 석탑은 돌을 깎아 만들어 쌓은 석탑인데, 전돌로 쌓은 탑을 모방한 모양이라고 해서 모전 석탑이라고 불러요. 탑이 세워진 것은 신라 선덕여왕 때의 일이에요. 지금은 3층으로 되어 있지만 원래의 모습은 정확히 알 수 없고, 대략 7층 또는 9층이었을 것으로 추측하고 있어요. 넓은 기단 위에 세워진

분황사 모전 석탑

1층 탑의 4면에 화강암으로 만든 출입구가 있고, 양편에는 인왕상이 조각되어 있어요.

3. 다보탑과 석가탑

불국사 내의 대웅전과 자하문 사이의 뜰 동서쪽에 2개의 탑이 마주 보고 서 있는데, 동쪽에는 다보탑이 서쪽에는 석가탑이 있어요. 다보탑과 석가탑은 탑의 높이가 비슷하고 두 탑 모두 기단, 탑신, 상륜의 3부로 이루어져 있어요. 두 탑을 같은

석가탑 다보탑

위치에 세운 이유는 『법화경』에 나오는 내용을 눈으로 직접 볼 수 있게 탑으로 구현한 거라고 해요. 안타까운 점은 일제 강점기 때 다보탑 속에 두었던 사리와 사리장치를 비롯한 유물들이 사라져 버렸다는 점이에요. 기단의 돌계단 위에 있던 4마리의 돌사자 중 3마리가 약탈되어 현재 1마리의 돌사자만 남아 있어요.

4. 경천사지 10층 석탑

국립중앙박물관 로비에서 13.5m 높이의 위용을 뽐내고 있는 경천사지 10층 석탑은 박물관 3층 높이까지 치솟아 있어요. 우리나라 탑의 재료가 대부분 화강암인데, 특이하게 대리석을 사용했다고 하지요. 또 기단부에는 밑에서부터 사자, 용, 연꽃, 소설 『서유기』의 장면과 나한들을 새겨 놓았다고 해요. 이런 점에서 원나라 양식을 그대로 사용했음을 알 수 있어요. 일본으로 반출되면서 훼손되었던 탑을 국립문화유산연구원의 복원 작업을 거쳐 현재 국립중앙박물관에 전시해 놓은 것이에요.

경천사지 10층 석탑

■ 여러분이 본 탑에는 어떤 것이 있나요? 인상 깊었던 탑에 대해 조사해서 적어 보세요.

19-1 신기한 뉴스 키워드: 공공시설, 결혼식장, 시민 참여

공공시설, 청년 결혼식 공간으로 개방

정부가 청년 세대의 결혼식 비용 부담을 덜어 주기 위해 주요 공공시설을 결혼식 장소로 개방하기로 결정했어요. 26일 발표된 계획에 따르면, 국립중앙박물관과 국립공원 생태공원 등 48곳이 예식 장소로 새롭게 개방될 예정이에요.

이번에 개방되는 국립 시설로는 서울 용산구에 위치한 국립중앙박물관과 종로구의 국립현대미술관, 국립민속박물관 등이 포함돼요. 또한 내장산국립공원 생태공원, 덕유산국립공원 잔디광장 등 국립공원 내 10개소도 예식 공간으로 사용할 수 있다고 해요. 이로써 기존 91곳에 더해 총 139곳의 공공시설이 청년 맞춤형 예식장으로 제공됩니다.

특히 전북 정읍의 내장산국립공원 단풍생태공원은 오는 9월부터 결혼식을 올릴 수 있어요. 이곳은 푸른 하늘과 맞닿은 넓은 잔디광장이 매력적이며, 국내 대표적인 단풍 명소로 많은 볼거리를 제공하지요. 사용료는 11만 5,000원으로, 장시간 단독으로 이용할 수 있어 경제적이에요. 또 내년 3월부터는 서울 용산의 국립중앙박물관 전통마당에서도 결혼식을 할 수 있으며, 하객들은 박물관 내 식당을 이용하고 예식 전후로 박물관 정원을 산책할 수 있어요.

수용 인원은 장소별로 50명에서 400명 수준이며, 사용료는 시설 면적과 장비 등을 종합 고려해 책정될 예정이에요. 정부는 예비 부부들이 식장 꾸밈, 식음료 제공 등을 별도로 찾는 불편함을 덜도록 지자체와 협력해 관련 업체 정보도 제공할 계획입니다.

정부는 앞으로도 청년들이 예식 공간으로 활용할 수 있는 곳을 지속적으로 발굴하려고 해요. 예비 부부들이 저렴하면서도 개성 있는 결혼식을 올릴 수 있도록 다양한 지원을 아끼지 않을 방침이에요.

개념 어휘

1. 공공시설: 정부나 공공기관에서 운영하는 시설.
2. 책정되다: 계획이나 방책이 세워져 결정되다.
3. 방침: 앞으로의 일을 진행하는 방향과 계획.

정리해 볼까요?

1. 이 기사는 무엇에 대해 쓴 글인가요?

2. 정부가 청년 세대의 결혼식 비용 부담을 덜어 주기 위해 하는 노력에는 무엇이 있나요?

3. 청년 맞춤형 예식장으로 개방되는 국립중앙박물관과 내장산국립공원의 장점은 무엇인가요?

4. 문단별 내용 정리

   1문단 : 청년 결혼식 비용 부담 완화를 위한 공공시설 개방 계획
   2문단 :
   3문단 :
   4문단 :
   5문단 :

생각해 볼까요?

5. 공공시설을 결혼식 장소로 사용할 때 생길 수 있는 문제점은 무엇일지 생각한 뒤 적어 보세요.

19-2 우당탕 교과서 　관련 단원: **4-1 지역의 공공기관과 주민 참여**

포도청 포졸 모집 공고

포도청에서 용감하고 정의로운 포졸을 모집합니다. 포도청에서 일하는 포졸들은 단순 절도나 살인 사건에서부터 권력형 스캔들, 나라를 뒤흔든 역모까지, 다양한 사건을 해결하는 임무를 수행하게 됩니다. 한양과 경기도 일대의 치안을 책임질 건장한 젊은이들의 많은 지원 바랍니다!

포도대장패

모집 인원
포졸 다수

자격 요건
- 정의감이 강하고, 도성의 치안을 위해 헌신할 수 있는 자
- 신체가 건강하고, 무술에 능한 자
- 충성심이 깊고, 왕실과 나라를 위해 목숨을 아끼지 않는 자

주요 업무
도성 내 범죄 예방 및 도적 소탕 / 범인 검거 및 구속 / 왕실 경호 및 정치적 사건 처리

혜택
- 조선의 치안을 책임지는 중요한 역할을 맡게 됩니다.
- 우수한 성과를 보이는 포졸은 포도청 내에서 승진의 기회가 주어집니다.

상시 모집
포도청은 여러분의 참여를 기다립니다.

최초의 포도대장 이양생 드림

어휘 통통

목구멍이 포도청

　포도청은 죄지은 사람을 벌하는 곳으로 일반 백성에겐 두려운 곳이었어요. 하지만 막다른 지경이 되면 행동하는 데 있어서 수단과 방법을 가리지 않게 되겠죠? 즉 '목구멍이 포도청'이라는 말은 '먹고살기 위해서는 어쩔 수 없이 힘든 일을 해야 한다'는 의미예요.
- 목구멍이 포도청이라 매일 새벽부터 밤늦게까지 일하지만, 가족을 위해서라면 참을 수 있어.
- 요즘 경제 상황이 너무 안 좋아. 목구멍이 포도청이라 어쩔 수 없이 두 번째 직업을 구했어.

1. 앞서 나온 글들을 참고해서, 다음 문장에 공통으로 들어갈 단어를 적어 보세요.
   - 도서관은 주말에도 시민들에게 (　　　　　)되어 있다.
   - 정부는 외국 자본에 대한 (　　　　　) 정책을 추진하고 있다.
   - 방 안이 너무 답답해서 창문을 (　　　　　)했다.

2. 다음 어휘가 포함된 문장을 만들어 보세요.

   | 목구멍이 포도청 |

19-3 생각 쏙쏙! 배경 지식을 넓혀라

고려와 조선의 공공기관들

여러 사람과 관계있는 일들을 처리하고 편리하게 생활하도록 도와주는 기관을 공공기관이라고 해요. 과거 우리나라에는 어떤 공공기관이 있었을까요? 고려와 조선 시대의 공공기관 몇 가지를 소개할게요.

1. 고려: 개경 거리를 지키던 순검

고려 도읍지인 개경 거리는 순검들이 순찰을 돌았어요. 순검은 '금오위'라는 중앙 군사 조직에 속한 병사들이었는데, 오늘날의 경찰 역할을 했다고 볼 수 있어요. 고려 의종 때는 순검군 중 뛰어난 자를 뽑아 '내순검'이라고 부르며 궁궐 수비를 맡게 했어요. 이들은 자줏빛 옷을 입고 활과 검으로 무장한 채 궁궐 밖에 배치되어 궁궐을 지켰어요.

최씨 무신 정권에서는 '야별초'라는 군대를 설치해서 밤에 도둑을 단속했어요. 야별초가 폐지된 후엔 원나라 제도를 따라 '순마소'를 설치하기도 했는데, 이는 확대 및 개편을 거치며 조선 초기까지 이어졌어요.

2. 조선: 포도청

사극에 어김없이 등장하는 포도청. 그저 도둑을 잡아들이고 곤장을 치는 곳으로만 생각하기 쉽지만, 포도청은 오늘날의 경찰보다도 폭넓은 활동을 하던 조선의 권력 기관이에요.

포도청에 속한 포졸은 때론 임금을 호위하기도 하고, 때론 불법 벌목을 단속하는 산림감시원이 되기도 하고, 때론 화재에 대비한 소방관을 맡기도 했지요. 포도청은 1894년에 '경무청'이 생기면서 사라지게 되었어요.

3. 조선의 교육 기관

조선 시대의 교육의 시작은 '서당'입니다. 지금의 초등학교와 중학교에 해당하는데요. 우리가 학교에서 국어와 수학 등 여러 과목의 기초를 배우는 것처럼 조선 시대의 서당에서도 예의범절과 붓글씨 쓰는

단원 풍속도첩 서당

법, 천자문, 사자소학, 소학, 명심보감 등 매우 기초적인 유학의 기초를 배웠어요. 보통 7~8세에 입학해서 15~16세에 공부를 마쳤는데 이렇게 다양한 연령대의 학생들이 함께 공부를 했지요.

오늘날의 중·고등학교에 해당하는 조선 시대의 교육 기관은 '향교'와 '4부 학당'이에요. 향교는 지방에, 4부 학당은 한양에 4곳이 설치되어 있었는데, 향교와 4부 학당 모두 국립 교육 기관이에요. 주로 소학과 사서오경을 공부했는데, 성적이 우수한 학생들은 성균관 입학 자격이나 진사시, 생원시 시험에 직접 응시할 수 있는 자격을 부여받았어요.

조선 시대 최고의 교육 기관은 조선의 국립 대학이라고 볼 수 있는 '성균관'이에요. 성균관의 역할은 공자를 비롯한 유교의 성현들에게 제사를 지내는 것과 학생들을 가르치는 것 두 가지였어요. 지금의 수능과 비슷한 1차 과거 시험인 소과에 합격하면 성균관에 들어갈 수 있었는데, 약 200여 명의 성균관 유생들은 수업료와 기숙사를 무료로 이용하고 필기구 등의 생필품을 제공받았다고 해요. 또 관리가 되는 시험인 대과 응시 자격도 주어졌지요. 단, 출석을 잘해야 하는 것은 물론이고 사회적 물의를 일으키지 않아야 하며, 시험 성적 또한 우수해야 했어요. 그래서 유생들 간의 경쟁도 굉장히 치열했다고 하지요.

강릉향교

■ **여러분이 이용해 본 공공기관을 소개해 주세요.**

20-1 신기한 뉴스 키워드: 선사 시대, 암각화, 반구대

반구대 암각화 보존 위한 사연댐 수문 설치 본격 추진

울산 반구대 암각화를 보존하기 위한 공사가 본격적으로 추진됩니다. 환경부는 사연댐에 2027년까지 수문 3개를 설치해 암각화가 물에 잠기지 않도록 하는 '사연댐 건설 사업 기본 계획'을 발표했어요.

반구대 암각화는 '울주 대곡리 반구대 암각화'와 '울주 천전리 명문과 암각화'를 포함한 유산을 합쳐서 부르는 말로, 대곡천 계곡에 병풍처럼 늘어서 있어요. 대곡리 암각화는 반구대 절벽 암반에 다양한 동물과 사냥 장면을 생동감 있게 표현한 바위 그림인데, 고래와 고래잡이 과정을 창의적으로 묘사해 주목받았지요. 또 1970년대 초 발견된 천전리 각석은 신라 법흥왕 시기에 새겨진 글자가 남아 있어 6세기 무렵 사회를 연구하는 데 중요한 자료로 평가받고 있어요.

1995년 국보로 지정된 이 암각화는 1962년 사연댐 건설 이후 수시로 물에 잠겨 왔어요. 수위 조절 전(2005~2013년) 침수 기간은 연평균 151일에 달했고, 2014년 이후에도 연평균 42일 물에 잠겼지요. 물에 잠기면 물의 흐름과 압력으로 인해 암각화 표면이 마모되기 때문에, 시간이 지나면서 섬세한 조각들이 사라질 수 있어요.

이에 환경부는 암각화의 침수를 막기 위해 사연댐에 폭 15m, 높이 7.3m의 수문을 설치하는 계획을 세웠어요. 이 수문을 통해 댐 수위를 반구대 암각화 아래인 해발 52m로 맞춰 운영하면, 연평균 침수일이 1일로 줄어들 것으로 보고 있어요.

최근 유네스코 세계유산 등재를 위한 현장 실사를 마치기도 했는데요, 반구대 암각화를 보호하기 위한 계획이 향후 꼼꼼하게 진행될 예정이에요.

개념 어휘
1. 암각화: 바위, 동굴의 벽면 등에 칠하기, 새기기, 쪼기 등의 수법으로 그린 그림.
2. 침수: 물에 잠김.
3. 마모: 닳아서 없어짐.

정리해 볼까요?

1. 사연댐에 왜 수문을 설치하려고 하나요?

2. 반구대 암각화는 주로 어떤 동물의 사냥 장면을 묘사하고 있나요?

3. 반구대 암각화가 물에 잠기면 어떤 문제가 있나요?

4. 문단별 내용 정리
   - 1문단 : 사연댐 건설 사업 기본 계획 발표
   - 2문단 :
   - 3문단 :
   - 4문단 :
   - 5문단 :

생각해 볼까요?

5. 선사 시대 사람들이 벽에 동물 그림이나 사냥하던 모습을 새겨 놓은 이유는 무엇일까요? 여러분의 생각을 적어 보세요.

20-2 우당탕 교과서　관련 단원: 3-2 시대마다 다른 삶의 모습

조사보고서 발표: 반구대 암각화와 천전리 각석 발견

발표자: 발굴 참여자 OOO

안녕하세요, 저는 오늘 1971년 울산에서의 발굴 조사 경험을 바탕으로 반구대 암각화와 천전리 각석의 발견 과정을 발표하겠습니다.

1971년 12월 25일, 그날은 저와 우리 조사단에게 잊을 수 없는 날입니다. 당시 저는 동국대 박물관 조사단 책임자인 문명대 교수님과 함께 울산 천전리 암각화를 조사 중이었습니다. 대곡리 주민 한 분이 절벽에 호랑이가 새겨져 있다고 제보해 주셔서, 우리는 배 한 척을 빌려 울산 울주군 대곡천 암벽으로 향했습니다. 그곳에서 한반도 선사 문화의 정점인 반구대 암각화를 마주하게 되었는데, 마치 운명 같은 순간이었습니다.

하지만 암각화의 전모를 파악하는 데에는 많은 어려움이 있었습니다. 1965년에 건설된 사연댐 때문에 암각화가 1년 중 최장 5개월간 물에 잠겼기 때문입니다. 1974년 가뭄이 들어 물이 빠졌을 때야 비로소 제대로 된 실측 조사를 할 수 있었습니다. 높이 2.5m, 너비 9m에 이르는 암면에서 고래, 호랑이, 사슴, 멧돼지 등 다양한 동물 문양과 고래를 잡는 선원들의 모습까지 300여 점의 문양을 확인했죠.

천전리 각석은 반구대 암각화에 앞서 발견되었습니다. 1970년 12월 24일에 발견했는데, 당시 한학자 최경환 선생님께서 절벽 아래 희미한 모양이 있다고 알려 주셔서 발견할 수 있었습니다.

이렇게 2개의 중요한 유적을 연달아 발견되었습니다. 반구대 암각화는 강바닥보다 한 단 높은 절벽 면에 새겨져 있어서 원래는 물에 잠기지 않았습니다. 하지만 1960년대 사연댐 건설 이후 절벽 면이 물속에 잠겨 가뭄 시기에만 드러나게 되었습니다. 이로 인해 암각화가 물에 들어갔다 나왔다 하면서 손상을 입고 있습니다.

반구대 암각화와 천전리 각석의 발굴과 보존은 단순한 역사적 발견을 넘어서, 우리의 문화유산을 지키는 중요한 과제입니다.

어휘 통통

선사 시대 vs 역사 시대

1) 선사 시대
선사 시대는 문자가 발명되기 이전의 시기를 말해요. 문자가 없기 때문에, 주로 고고학적 유물, 유적, 암각화, 암채화 등을 통해 당시의 정보를 얻지요. 초기에는 수렵과 채집을 중심으로 한 유목 생활을 했고, 이후 농경과 목축이 시작되면서 정착 생활로 전환되었어요.

2) 역사 시대
역사 시대는 문자가 발명된 이후의 시기를 말해요. 문자를 통해 기록된 문서, 비문, 서적 등을 통해 당시의 역사, 문화, 정치, 경제 등을 구체적으로 이해할 수 있어요. 점점 복잡한 사회 구조와 국가가 형성되어요.

---

1. 앞의 신문 지문에 나온 여러 단어들 중 적절한 단어를 찾아 문장을 완성해 보세요.

침수   마모   선사 시대   제보   전모

- 오랜 사용으로 인해 신발 밑창이 (   )되었습니다.
- 집중호우로 인해 저지대의 많은 가구가 (   ) 피해를 입었습니다.
- 시민들의 (   )로 경찰은 신속하게 사건 현장을 확인할 수 있었습니다.
- 사건의 (   )가 밝혀지기까지는 시간이 걸릴 것입니다.
- (   ) 유적지에서 발견된 유물을 통해 당시 생활 방식을 알 수 있습니다.

20-3 생각 쑥쑥! 배경 지식을 넓혀라

옛사람들은 왜 바위에 그림을 남겼을까?

'암각화'란 '바위 위에 새기기, 쪼기, 칠하기 등 기법으로 그린 그림'을 말해요. 선사 시대의 암각화와 암채화는 고대 인류의 삶과 문화를 이해하는 데 많은 도움을 주고 있지요. 우리나라를 비롯해서 세계에 어떤 그림들이 남겨져 있는지 살펴볼까요?

1. 반구대 암각화: 암각화

학자들은 반구대 암각화를 두고 '선사 시대 한국인들의 거대한 기록화'라고 입을 모아요. 평평한 암벽에는 다양한 종류의 고래, 거북·물개 같은 바다 동물과 호랑이를 비롯한 멧돼지, 소, 토끼 같은 육지 동물들이 빼곡하게 조각되어 있어요.

반구대 암각화

반구대 암각화는 신석기 시대 작품이에요. 문자가 없었던 선사 시대 사람들이 그림으로 생생하게 남긴 대규모 기록이지요. 문자가 없기 때문에 그 시대의 모습을 알기 어려운데 암각화 덕분에 우리는 그 시대에 사냥했던 동물들, 사냥 방법 등을 확인할 수 있어요. 즉 까마득한 옛날의 생활과 문화를 알려 주는 보물이에요. 또 한반도뿐 아니라 세계적으로 고래잡이의 역사가 그토록 오래된 것임을 입증하는 보기 드문 자료이기도 하지요.

2. 천전리 암각화

반구대 암각화 근처에 자리한 천전리 암각화에서는 선사 시대의 기록부터 신라 시대 생활상까지 살펴볼 수 있어요. 2단으로 나뉜 각석 윗부분은 기하학적인 무늬와 동물들이 새겨져 있고, 아랫부분은 기마 행렬도 등 그림

천전리 암각화

과 글씨들이 다양한 형태로 남아 있기 때문이에요.

　굵고 깊이 새겨진 동심원은 하늘, 겹마름모는 땅을 형상화한 것으로 보이고 고래·상어·사슴·노루 같은 동물, 활로 뭔가를 겨눈 사람 같은 형상도 보여요. 신라 시대 때는 이곳을 성스러운 기운이 감도는 명소로 여겼던 것 같아요. 그래서 김씨 왕권을 수립한 사람들이 이곳을 찾은 뒤 인물상과 기마행렬도 등을 새긴 것으로 추정돼요. 역사의 흔적이 중첩된 유적이라 할 수 있지요.

3. 세계의 암각화

　선사 시대 암각화는 우리나라뿐만 아니라 세계 각지에서 발견되어, 글자가 생기기 이전의 삶을 알려 주고 있어요. 스페인 북부의 알타미라 동굴 벽화는 들소 그림으로 잘 알려져 있고, 프랑스의 라스코 동굴 벽화엔 들소·황소·말 등이 그려져 있어요. 그런데 알타미라와 라스코의 그림은 바위 위에 색칠했다는 의미에서 '암채화'라고 불리기도 해요. 우리나라는 울산 이외에 경남 남해 양아리, 경북 고령 장기리와 포항 인비리 등 여러 곳에서 암각화가 발견됐지만, 암채화는 없어요. 전문가들은 "암채화는 오래 인적이 끊긴 오지에서 주로 발견되는데, 우리나라는 그런 곳이 거의 없어 보존되지 못했을 것"이라고 해요.

■ 반구대 암각화는 댐 건설로 인해 물에 잠기면서 손상을 입고 있어요. 문화유산 보호와 경제 개발이 충돌할 때, 여러분은 어느 쪽을 우선해야 한다고 생각하나요? 자신의 생각을 정리해서 적어 보세요.

21-1 신기한 뉴스 키워드: 여행, MZ세대, 디지털 네이티브

변화하는 여행 트렌드

　MZ(엠지)세대는 '디지털 네이티브'로서, SNS와 인터넷을 통해 정보를 수집하고 공유하는 데 능숙해요. 이들은 개인의 취향과 가치를 중시하며, 비용보다는 경험의 질을 중요시하는 경향이 있지요. 이에 따라 여행사들은 MZ세대의 특성을 반영하여 보다 자유롭고 유연한 여행 상품을 개발하고 있어요. 또 개발한 여행 상품을 디지털 플랫폼을 통해 적극적으로 홍보하고 있는 추세입니다.

　MZ세대는 유명 대도시보다 소도시나 새로운 여행지를 선호하며, 한두 도시에 집중해 여유를 즐기는 경향이 뚜렷하다고 해요. 또 이들은 '가심비'를 중시하여, 여행을 통해 취향, 경험, 탐험을 동시에 만족하고 싶은 성향이 강하다고 하네요.

　여행 인플루언서와 함께 떠나는 여행, 현지에서 좋아하는 작가의 북 토크 참여하기, 스포츠 팬들을 위한 직관 투어, 식도락 여행 등 개인의 취향에 맞는 여행에 열광하고 있지요.

　지속 가능성과 윤리적 소비에도 관심이 많아, 친환경 여행이나 지역 사회에 긍정적인 영향을 미치는 여행 상품에도 높은 관심을 보여요. 알래스카의 오로라, 캐나다의 가을 산, 몽골의 별이 쏟아지는 고비사막 등 자연을 즐기려는 여행자들도 많아지고 있고요.

　이렇게 MZ세대의 특성과 요구를 반영한 여행 상품들은 그들의 기대를 충족시키며, 여행 산업의 새로운 성장 동력이 되고 있어요.

개인의 취향이 강조되는 여행 트렌드

개념 어휘

1. 디지털 네이티브: 디지털 기술과 함께 성장한 세대.
2. 가심비: 가격 대비 마음의 만족도를 뜻하며, 새로운 소비 트렌드로 떠오르고 있음.
2. 지속 가능성: 환경을 보전하면서 지속 가능한 발전을 추구하는 개념.

정리해 볼까요?

1. 기사에 소개된 MZ세대의 특성을 적어 보세요.

2. MZ세대의 특성과 요구를 반영한 여행 상품의 예를 찾아 적어 보세요.

3. 문단별 내용 정리

   1문단 : MZ세대의 특성과 여행사들의 대응 방식

   2문단 :

   3문단 :

   4문단 :

   5문단 :

생각해 볼까요?

4. 내가 만약 여행 상품을 개발한다면 어떤 주제로 만들어 보고 싶나요?

열하일기, 조선의 미래를 그리다

사회자: 오늘은 조선 최고의 여행기라 불리는 『열하일기』에 대해 이야기 나눠 보려고 합니다. 작가님께서 책에 대해 직접 설명해 주시겠어요?

박지원: 네, 『열하일기』는 제가 1780년에 청나라를 다녀온 후 기록한 기행문입니다. 청나라의 발전된 문물과 제도를 보고 조선에도 알리고자 했죠. 단순한 여행 기록이 아니라 조선의 미래를 위한 제안이 담긴 책입니다.

사회자: 그렇군요. 당시 청나라의 문물을 보고 많이 놀라셨다고 들었습니다. 어떤 점이 가장 인상 깊으셨나요?

박지원: 청나라의 과학기술과 경제 체제, 그리고 그들의 효율적인 자원 활용이 특히 인상 깊었어요. 예를 들어, 깨진 기와 조각과 똥 부스러기까지도 효율적으로 활용하는 모습에서 많은 것을 배웠지요.

사회자: 그런 경험이 조선의 사회경제 개혁에 어떤 영향을 미쳤나요?

박지원: 제가 『열하일기』를 통해 전하고자 한 것은 단순한 여행 이야기가 아닙니다. 조선의 경제를 어떻게 개혁해야 할지, 그리고 우리 백성들의 삶을 어떻게 풍요롭게 만들 수 있을지에 대한 구체적인 방안들을 담고 싶었어요.

사회자: 「호질」과 「허생전」 같은 작품도 『열하일기』에 포함되어 있는데, 이 작품들이 어떤 메시지를 담고 있는지 궁금하네요.

박지원: 「호질」은 위선적인 양반을 비판하는 내용이고, 「허생전」은 양반이 장사꾼으로 변신하면서 겪는 이야기를 통해 경제 활동의 중요성을 강조했어요. 두 작품 모두 조선의 사회경제 문제를 비판하고 개선을 촉구하는 메시지를 담고 있어요. 『열하일기』를 단순한 여행기로만 읽지 말고, 조선의 사회경제 개혁을 위한 제언서로 읽어 주셨으면 합니다.

사회자: 오늘 말씀 감사합니다, 박지원 작가님. 여러분, 『열하일기』를 통해 조선의 사회경제 개혁의 길을 함께 탐구해 보시길 바랍니다.

어휘 통통

실학

　조선을 다스리는 근본이었던 유교는 백성들의 어려움을 해결하는 데 도움이 되지 못했어요. 백성들의 삶이 더욱 어려워지자, 예절이나 윤리 도덕, 세상의 원리를 아는 것도 중요하지만 나라와 백성을 위해 제도를 바꾸어야 한다고 생각하는 사람들이 생겨났어요.

　이들은 백성들의 어려움을 해결하기 위해 실생활에 도움이 되는 실용적인 것들을 연구해야 한다고 생각했어요. 이것이 바로 '실학'이고, 이것을 연구하는 사람들을 '실학자'라고 불렀지요.

　실학자들은 백성들의 어려움을 해결하는 방법에 대해 여러 가지 주장을 했어요. 농업을 중요하게 생각하고 토지 제도를 바꿔야 한다고 주장한 사람도 있었고, 상업과 무역을 발달시켜야 한다고 주장한 사람도 있었어요. 우리 것을 더 연구하고 강조해야 한다고 주장하는 사람도 있었고요. 서로 방법은 달랐지만 모두 백성이 잘사는 나라가 되어야 한다고 생각했어요.

1. 앞의 신문 지문에 나온 여러 단어들 중 적절한 단어를 찾아 문장을 완성해 보세요.

　　선호　　　동력　　　유연　　　문물　　　실학

- (　　　　)은 실제 생활에 도움이 되는 학문입니다.
- 많은 사람들이 유명 관광지보다 덜 알려진 소도시를 (　　　　)합니다.
- 박물관에는 다양한 시대의 (　　　　)이 전시되어 있습니다.
- 혁신적인 아이디어는 기업의 성장 (　　　　)이 됩니다.
- 이 직업은 근무 시간이 (　　　　)하여 자기 계발에 시간을 투자할 수 있습니다.

21-3 생각 쑥쑥! 배경 지식을 넓혀라

옛날 사람들이 쓴 신기한 여행책

지금 많은 사람들이 세계 여행을 떠나는 것처럼, 옛날에도 세계 여러 나라에 관심을 가졌던 사람들이 있었어요. 그들이 어떤 작품들을 남겼는지도 알아볼까요?

1. 동방견문록

13세기 후반 '마르코 폴로'라는 사람이 동방(주로 중국)을 여행하면서 보고 들은 것을 기록한 여행기예요. 칭기즈 칸과 그 후계자들이 중국을 지배하던 시기를 알 수 있는 책으로, 유럽인들에게 아시아의 문명과 문화에 대한 첫 인상을 심어 준 중요한 기록물이지요. 『동방견문록』은 콜럼버스가 인도를 향해 항해할 때 여러 번 읽고 가져갔다고 해요. 그만큼 아시아의 상인들과 유럽 지리학자들의 교본이라는 평을 듣는 책이에요.

동반견문록의 한 페이지

2. 하멜 표류기

네덜란드 상인 하멜이 일본으로 가던 도중 조선에 표류하여 13년간 억류된 후 탈출하여 쓴 기록이에요. 비록 여행기는 아니지만 이 책은 서양인이 처음으로 조선에 대해 남긴 상세한 기록이죠. 그래서 당시 조선의 사회, 문화, 정치 등을 서양에 소개한 중요한 자료로 평가받고 있어요. 특히 하멜이 조선에 있던 시기가 효종이 북벌을 준비하며 군사적, 경제적 개혁을 추진하던 시기였기 때문에, 하멜의 기록은 조선의 군사적, 경제적 상태를 외부인의 시각에서 평가한 자료로도 그 가치를 인정받고 있어요.

3. 열하일기

박지원은 조선 후기의 대표적인 실학자예요. 그가 1780년(정조 4년) 청나라 건륭제의 70세 생일을 축하하기 위해 파견된 사절단의 일원으로 중국을 다녀온 후에 쓴 여행기가 바로 『열하일기』예요.

단순한 여행 기록을 넘어 청나라의 정치, 경제, 문화 등을 분석하고, 이를 통해 조선 사회의 문제점을 비판하며 개혁의 필요성을 주장한 중요한 실학적 문헌 자료이지요.

이 책은 출간 당시부터 조선 사회와 지식인들 사이에서 큰 인기를 끌었어요. 박지원의 생생한 묘사와 비판적 시각은 당시 조선 사회의 문제를 직시하고, 개혁의 필요성을 강조하는 중요한 계기가 되었어요. 이는 이후 조선 후기 실학의 발전과 개혁 운동에 큰 기여를 하였어요.

손자 박주수가 그린 연암 박지원의 초상

4. 사화기략

박정양은 조선 말기와 대한제국 시기의 정치가이자 외교관으로, 초대 주미 전권공사(현 주미 대사)를 지내기도 했어요. 『사화기략』은 1881년에 박정양이 일본을 방문한 후 쓴 기행문이에요. 조선 정부가 일본의 근대화를 직접 관찰하고 배우기 위해 파견한 조사 시찰단의 일원으로서의 경험을 기록한 책이지요. 또 조선 말기의 국제 정세와 근대화 과정을 이해하는 데에도 도움이 돼요. 조선의 개화파 인사들이 일본의 근대화를 어떻게 받아들이고, 조선의 발전을 위해 어떤 노력을 기울였는지도 보여 주는 귀중한 기록이에요.

■ 『열하일기』에는 청나라 이야기 이외에 「호질」, 「허생전」 같은 이야기도 함께 실려 있어요. 왜 박지원은 『열하일기』에 이런 이야기를 실었을까요?

22-1 신기한 뉴스 키워드: 고고학, 보물선, 스페인 함대, 유물

산 호세호 인양, 소유권 갈등 재점화

1708년 침몰한 스페인 범선 산 호세호의 소유권을 둘러싼 갈등이 다시 불거지고 있습니다. 최근 콜롬비아는 산 호세호 주변 해역을 '고고학적 보호구역'으로 지정하고, 1차 탐사를 통해 300년 넘게 해저에 가라앉아 있는 선체와 유물을 조사할 계획이라고 밝혔어요.

산 호세호는 스페인 국왕 펠리페 5세의 함대에 속해 있던 범선이에요. 1708년 6월 영국 함대와 전투를 벌이다 침몰했고, 600명의 선원 대부분이 목숨을 잃었지요. 산 호세호에는 당시 스페인 식민지였던 볼리비아와 페루에서 가져온 200톤가량의 금과 은, 에메랄드 등이 실려 있었는데, 이 보물의 현재 가치는 약 200억 달러(약 27조 2,500억 원)로 추산된다고 BBC는 전했어요.

콜롬비아 정부의 탐사 작업 발표 이후, 콜롬비아, 미국, 스페인이 소유권을 주장하고 있어요. 미국의 인양업체는 1980년대에 산 호세 침몰 지점을 먼저 발견했다고 주장하며 보물의 절반을 요구하고 있고, 스페인 정부는 산 호세호가 스페인 함대 소속이었다며 소유권을 주장하고 있지요. 콜롬비아 정부는 자국 영해에서 발견된 만큼 산 호세호가 자국의 국가유산이란 입장입니다.

고고학자들은 인양 작업이 유물의 보존 상태에 큰 영향을 미칠 수 있다고 경고하고 있어요. 유물이 오랜 세월 물리적, 화학적 변화를 겪었기 때문에 인양 과정에서 붕괴될 수 있으니, 해저에서 보존하는 것이 더 나을 수도 있다고도 주장하고 있어요.

이에 콜롬비아 정부는 450만 달러를 투입해 1차 탐사 작업을 진행한 뒤, "이 유물은 단순한 보물이 아닌 문화적 유산"이므로 탐사 결과를 바탕으로 박물관과 연구소 건설 계획도 고려하고 있다고 밝혔어요.

개념 어휘

1. 인양: 끌어서 높은 곳으로 옮김.
2. 고고학: 유물과 유적을 통하여 옛 인류의 생활, 문화 따위를 연구하는 학문.

정리해 볼까요?

1. 산 호세호는 무엇인가요?

2. 산 호세호가 침몰한 해역은 어디인가요?

3. 어떤 나라들이 산 호세호의 소유권을 주장하고 있으며, 각 근거는 무엇인가요?

4. 문단별 내용 정리

   1문단 : 산 호세호의 소유권 갈등
   2문단 :
   3문단 :
   4문단 :
   5문단 :

생각해 볼까요?

5. 미국, 스페인, 콜롬비아는 각각의 이유를 들어 산 호세호의 소유권을 주장하고 있고, 고고학자들은 인양을 반대하고 있어요. 여러분은 이 중 어떤 의견이 맞다고 생각하는지 이유와 함께 적어 보세요.

22-2 우당탕 교과서 관련 단원: 6-1 세계 여러 나라의 자연과 문화

신안 보물선, 그 놀라운 이야기

지난 1975년, 전남 신안 앞바다에서 고기잡이를 하던 최씨 어부의 그물에 물고기가 아닌 도자기 6점이 걸려 올라왔어요. 다른 어부들은 도자기가 올라오면 바다에 다시 던져 버리거나 집으로 가져가 개밥 그릇이나 재떨이로 썼다고 해요. 하지만 초등 교사였던 최씨 동생이 신안군청에 신고를 했고, 감정 결과 중국 송·원대의 도자기로 밝혀졌어요. 알고 보니 1323년 중국에서 일본으로 가던 중 풍랑을 만나 우리나라 전남 신안 앞바다에 침몰한 배에서 나온 유물이었어요.

신안 보물선의 발굴은 1976년에 시작되어 10년간 이어졌어요. 발굴 과정이 쉽지 않았거든요. 바닷속 시야가 좋지 않았고, 밀물과 썰물의 차가 커서 물의 흐름이 바뀌는 정조 시간에만 발굴할 수 있었죠. 또 물살이 빨라 어려움이 많았지만 해군과 학자들이 함께 노력해 많은 유물을 찾아냈어요.

배 안에는 도자기, 금속품, 나무 상자, 향신료 등 다양한 물건이 가득했어요. 특히 도자기는 2만여 점이나 발견되었죠. 침몰한 배에서 도자기가 대량으로 나온 사례는 세계 수중 고고학 사상 드문 사례라고 해요. 또 배 안에서 발견된 청동추와 목간 덕분에 출항지가 중국 닝보임을 알 수 있었어요. 유물 중에는 고려인들이 사용한 것으로 보이는 청자 매병과 청자 베개, 선원들이 배 위에서 사용하던 청동 숟가락도 있었는데, 이를 통해 고려인들도 승선했다는 것을 알 수 있어요.

신안 보물선 발굴 덕분에 우리나라는 아시아 수중 고고학의 선도 국가로 자리매김하게 되었어요. 신안 보물선은 고려와 일본, 중국의 교류를 보여 주는 중요한 유물이에요. 국립해양문화재연구소에서는 복원된 신안 보물선과 다양한 유물을 직접 볼 수 있답니다. 해양 실크로드의 이야기를 직접 느껴 보세요!

신안 보물선에서 발굴된 유물 일부

어휘 통통

고고학

'고고학'은 '옛날을 연구하는 학문'이라는 의미예요. '연구하다, 살피다'의 의미인 고(考), '옛날, 고대'의 의미인 고(古), '학문, 학습'의 의미인 학(學)이 합쳐져서 만들어진 단어예요. 고고학자들은 유적지 발굴, 유물 분석, 고대 사회 구조 연구 등을 통해 과거 인류의 삶과 문화를 연구하는 일을 해요. 이집트 투탕카멘 왕의 무덤을 발견한 하워드 카터나 트로이 유적을 발굴한 하인리히 슐리만 등이 유명하지요.
- 고고학자들은 이집트의 피라미드에서 새로운 비밀의 방을 발견했다.
- 고고학 연구를 통해 고대 문명의 생활 방식과 사회 구조를 이해할 수 있다.
- 그녀는 대학에서 고고학을 전공하며 다양한 유적지를 탐사하고 있다.

1. 앞의 신문 지문에 나온 여러 단어들 중 적절한 단어를 찾아 문장을 완성해 보세요.

   인양   추산   고고학   감정   사례

- 그 회사의 연간 매출은 약 1억 달러로 (   )된다.
- 침몰한 배에서 수백 년 된 보물을 (   )하는 데 성공했다.
- 법원은 유사한 (   )를 참고하여 판결을 내렸다.
- 보석 상인은 다이아몬드를 (   )하여 그 가치를 매겼다.
- (   )자들은 사막 깊숙한 곳에서 고대 도시의 유적을 발견했다.

22-3 생각 쑥쑥! 배경 지식을 넓혀라

실크로드와 바닷길 이야기

보물선 이야기는 언제나 흥미롭지요? 옛날 사람들은 교류, 전쟁 등을 통해서 자기 나라에서 나지 않는 다른 나라의 물건들을 접했는데요. 그럼 어떤 길을 통해서 서로 교류를 하게 되었는지 알아봐요.

1. 실크로드

실크로드는 고대 동서양을 연결하는 중요한 교역로였어요. 이 길을 통해 중국에서 유럽까지, 많은 나라들이 서로의 물건과 문화를 교류했어요.

이름에서 알 수 있듯이, 실크로드에서는 실크(비단) 같은 귀한 물건들이 많이 거래되었어요. 비단뿐만 아니라 향신료, 보석, 도자기 등 다양한 물건들이 오갔답니다. 또 중국의

실크로드 중 하나인 둔황의 사막

제지술이 실크로드를 통해 서방으로 전파되어 이슬람 세계와 유럽에 큰 영향을 미쳤고, 페르시아와 인도의 천문학 지식이 중국으로 전해지기도 했어요. 인도에서 시작된 불교도 실크로드를 따라 중앙아시아를 거쳐 중국, 한국, 일본 등 동아시아 지역으로 전파되었고, 상인들이 오가며 했던 다양한 이야기들이 전해져 문학에도 영향을 끼쳤어요.

상인들이 오가며 쉬었던 오아시스 근처에는 시장이 만들어지면서 도시가 생겨났는데 둔황, 사마르칸트 등이 유명해요. 즉 실크로드는 단순한 교역로를 넘어서, 동서양의 지식과 문화를 융합시키는 중요한 통로로서 역사적 의미를 지니고 있어요.

2. 대항해 시대 바닷길

대항해 시대는 15세기에서 17세기 사이에 유럽 사람들이 새로운 땅을 찾아 바다로 나선 시기를 말해요. 15세기 후반, 오스만 제국이 콘스탄티노플을 점령하면서 실크로드와 같은 전통적인 육로 무역 경로가 차단되었어요. 이로 인해 유럽과 아시아를 연결하는 무역이 어

려워졌고, 새로운 무역 경로가 필요하게 되었지요.

이에 많은 유럽 탐험가들이 배를 타고 새로운 바닷길을 찾아 나섰어요. 특히 바다 쪽에 위치한 포르투갈과 스페인(에스파냐)이 새로운 땅과 무역 경로를 발견하는 데 경쟁을 했고 이러한 경쟁은 탐험과 항해를 촉진시켰어요.

16세기 인도 원정에 나선 포르투갈 리스본의 모습

포르투갈의 탐험가였던 바스코 다 가마는 아프리카 희망봉을 돌아 인도 캘리컷에 도착해, 인도로 가는 길을 발견했어요. 당시 후추와 같은 향신료는 음식의 보존과 맛을 향상시키는 데 필수적이었기 때문에 유럽 사람들에게 아주 비싼 값에 팔리고 있었지요. 덕분에 포르투갈은 인도양과 향신료 무역을 장악하게 되었고, 이는 유럽의 경제와 세계사의 흐름에 큰 영향을 미쳤어요. 또 콜럼버스도 빼놓을 수 없는데요. 콜럼버스는 지구가 둥글다고 믿었고, 서쪽으로 계속 항해하면 인도에 도달할 수 있다고 생각했어요. 결국 에스파냐의 페르난도 2세와 이사벨 1세의 지원을 받아 항해를 하게 되지요. 예상보다 긴 항해를 통해 콜럼버스가 도달한 곳은 지금의 아메리카 대륙! 콜럼버스는 자신이 인도에 도달했다고 믿었으나, 실제로는 아메리카 대륙의 섬들에 도착한 것이었어요. 그는 현지 주민들을 인디오(Indios)라고 부를 정도로 죽을 때까지 그곳을 인도라고 생각했다고 해요. 콜럼버스의 항해는 대규모의 유럽 식민지 확장과 아메리카 원주민 사회에 큰 영향을 미쳤어요.

■ 실크로드와 대항해 시대 바닷길이 역사에 미친 긍정적, 부정적 영향을 조사해서 정리해 봅시다.

23-1 신기한 뉴스 키워드: 기후 변화, 이상 기후, 탄소 중립

탄소 중립 실천으로 지구를 지키자

매년 4월 22일은 지구의 날이에요. 지구의 날은 1970년 미국 캘리포니아주 원유 유출 사고를 계기로 제정된 세계적 기념일이지요.

우리나라에서는 2009년부터 지구의 날 전후 일주일을 기후 변화 주간으로 지정해 전국적으로 소등행사 등을 진행하고 있어요. 2024년 기후 변화 주간의 주제는 '우리의 탄소 중립 생활 실천, 오히려 좋아!'로, 탄소 중립 생활 실천의 중요성과 실천 방법을 알리는 다양한 행사가 진행됐어요.

환경오염 중 가장 심각한 문제 중 하나는 플라스틱 쓰레기 문제예요. 태평양의 쓰레기섬은 프랑스 크기의 3배에 달하며, 에베레스트산과 마리아나 해구에서도 플라스틱 쓰레기가 발견되고 있지요. 현재 1분마다 트럭 한 대 분량의 플라스틱 쓰레기가 바다로 흘러 들어가고 있으며, 2040년까지 플라스틱 사용량이 2배로 증가할 것으로 예상되고 있어요.

지구의 평균 표면 온도는 지난 100년간 0.74℃ 상승했어요. 이는 가뭄, 물 부족, 육상생물의 멸종 등 다양한 재앙을 초래할 수 있어요. 특히, 평균 온도가 2℃ 상승하면 해수면이 7m 정도 상승하고, 북극곰이 멸종될 수 있어요. 지구의 온도를 1.5℃ 이하로 유지하기 위해서는 우리의 적극적인 실천이 필요하답니다.

우리가 할 수 있는 방법은 다양해요. 불필요한 이메일 삭제, 업사이클링 제품 사용, 10분 소등, 1회용품 사용 줄이기 등이 있어요. 또 1회용 휴지 대신 손수건을 사용하는 것도 환경 보호에 큰 도움이 돼요. 우리 모두 각자의 자리에서 작은 실천을 통해 지구를 지키는 노력을 해 봅시다.

플라스틱 병으로 가득한 바다

개념 어휘
1. 소등: 불을 끔.
2. 업사이클링: 폐기물을 새롭게 디자인하여 가치를 높이는 것.

정리해 볼까요?

1. 지구의 날이 제정된 계기는 무엇인가요?

2. 2024년 기후 변화 주간의 주제는 무엇을 알리고자 정했나요?

3. 지구의 평균 표면 온도가 상승할 경우 어떤 재앙이 예상되나요?

4. 문단별 내용 정리

　1문단 : 지구의 날 소개

　2문단 :

　3문단 :

　4문단 :

　5문단 :

생각해 볼까요?

5. 우리가 생활에서 할 수 있는 탄소 중립 실천 방법에는 무엇이 있을까요?

23-2 우당탕 교과서 관련 단원: 5-1 국토와 우리 생활

한양 거리에서 만난 두 난민

(장소: 한양의 한 거리. 2명의 난민, 흥구와 창수가 서로 마주친다.)

흥구: 창수야, 너를 여기서 만나다니. 그동안 어찌 지냈니?

창수: 흥구야, 나도 여기서 너를 만날 줄은 몰랐어. 고향에서는 더 이상 살 수가 없어서 부모님과 함께 한양으로 왔어. 그런데 여기도 사정이 좋지 않네.

흥구: 맞아, 우리도 고향에서 농사가 안 돼서 결국 한양으로 왔어. 여름에 눈이 내리고, 8월엔 차가운 비가 내리다니. 그래서 작물들이 다 죽었잖아.

창수: 그래, 우리 마을도 한여름에 우박이 내려서 농작물이 다 망쳤어. 많은 사람들이 굶어 죽고, 부모가 아이를 버리거나 사람을 잡아먹는 일까지 생겼다고 들었어.

흥구: 우리도 그런 소문을 들었어. 그래서 한양에 오면 먹을 것이 있을 줄 알았는데, 여기서도 상황은 별반 다르지 않더라. 게다가 전염병까지 퍼지고 있어서 더 힘들어.

창수: 한양으로 몰려드는 사람들이 많아서 그런지, 조정도 대책을 세우고 있는 것 같아. 대규모 토목 공사에 사람들을 모집한다고 하더라.

흥구: 응, 나도 그 공사에 참여해 봤어. 임금을 주고 사람들을 모집하는 모립제라는 걸 도입했더라고. 그래도 생계를 유지하는 데 도움이 되긴 해.

창수: 그렇구나. 나도 일자리를 찾아봐야겠어. 기후 변화 때문에 한양으로 인구가 모이고 있어서 자리 잡기도 힘드네. 물건을 사고파는 가게에 가서 일자리를 찾아봐야겠어.

흥구: 맞아, 사회 변화가 참 빠르게 일어나고 있어. 힘들지만 이겨 내자. 언젠가 다시 고향으로 돌아갈 수 있는 날이 오겠지.

경신 대기근은 조선 현종 때인 1670년(경술년)과 1671년(신해년)에 있었던 기근을 말한다. 조선 최악의 재난이자 우리 민족 5,000년 역사상 최대의 기근이며, 2년 동안 전체 인구의 25%가 굶어 죽었다.

어휘 통통

유민 / 난민

1) 유민

유민은 재해나 전쟁 등으로 인해 집과 땅을 잃고 떠돌아다니는 사람들을 말해요. 주로 한 나라 안에서 발생하는 현상으로, 농사를 짓거나 살던 곳을 떠나 다른 지역으로 이동하여 살아가는 사람들을 가리켜요.

- 가뭄과 홍수로 인해 많은 유민이 발생하여 정부는 긴급 구호 대책을 마련했다.

2) 난민

난민은 전쟁, 박해, 폭력, 천재지변 등으로 인해 자기 나라를 떠나 다른 나라로 피신한 사람들을 말해요. 난민은 국제적인 보호를 필요로 하며, 유엔 난민 협약에 따라 보호받을 권리가 있지요.

- 전쟁을 피해 떠난 난민들이 국경을 넘어 안전한 곳을 찾아 나섰다.

---

1. 다음 문장을 읽고, '유민', '난민' 중 하나를 골라 적어 보세요.
   - 내전이 끝난 후에도 수많은 (   )들이 고향으로 돌아가지 못하고 떠돌고 있다.
   - 국제사회는 (   ) 문제를 해결하기 위해 협력과 지원을 강화하고 있다.
   - (   )의 인권 보호를 위해 유엔은 다양한 프로그램을 운영하고 있다.
   - 왕조의 몰락으로 인해 농토를 잃은 (   )들이 도시로 몰려들었다.

23-3 생각 쑥쑥! 배경 지식을 넓혀라

옛날에도 이상 기후가 있었대요

과거에도 기후 변화가 심했던 시기가 있었을까요? 역사적으로 이상 기후가 발생했던 시기는 16세기부터 18세기까지로 '소빙하기'라고 불러요. 이 시기에는 전 세계적으로 지금보다 평균 1.5~2도가 떨어졌고, 이에 따라 가뭄·홍수 등 기상 이변이 빈발했어요. 이 시기 모든 나라들은 농업이 중심이었어요. 농사는 기후에 크게 영향을 받지요. 기상 이변은 굶주림과 위생불량을 낳았고, 이것은 전염병 창궐로도 이어졌어요. 결국 사회적 불안은 다양한 변화를 가져왔어요.

1. 우리나라: 고려 말기

고려 말기에는 한여름에도 사람들이 겨울옷을 입어야 할 정도로 차가운 바람이 불었어요. 이는 농사에도 영향을 끼쳐 연이은 가뭄이 발생했고, 백성들이 기근과 전염병으로 고통을 겪었어요. 이것은 지배층에 대한 불만을 가져왔고, 결국 이성계의 위화도 회군으로 1392년 새로운 조선 왕조를 여는 계기가 되었어요.

2. 우리나라: 조선 시대

조선은 임진왜란과 병자호란에 이어 1650년 이후 가뭄과 홍수를 극심하게 겪어요. 이상 저온이 조선에도 이어져 냉해와 가뭄, 홍수 등이 발생했던 것이죠. 특히 1670년과 1671년 두 해에 걸쳐 심한 가뭄이 들었는데, 이를 '경신 대기근'이라 해요. 대기근은 전염병 창궐로 이어져 100만 명에 달하는 사상자가 발생했어요. 전쟁을 겪은 사람들이 '전쟁 때도 이보다는 나았다'고 말할 정도로 심각한 피해를 입었어요. 이후 1695~1696년 일어난 '을병(乙丙) 대기근' 때에도 많은 사람들이 굶거나 병들어 죽었어요.

대기근 당시 양반층은 늘고 평민·노비층은 줄어드는 인구 비율의 변화가 일어나요. 농민들은 유민이 되어 사회 안전망이 어느 정도 갖춰진 한양으로 몰렸고, 절망적인 상황을 이겨 내고자 새로운 종교가 생기기도 했어요.

3. 유럽

유럽도 이 시기 기근이 급증하고 영양실조로 사람들의 면역력이 약해졌어요. 농민들이 도시로 유입되면서 전염병이 확산되었는데 '흑사병'이 바로 그것이지요. 유럽을 휩쓴 흑사병으로 유럽 인구의 3분의 1 이상이 사망했고, 한때 파리와 런던에서는 인구가 절반으로 줄어들 정도였어요.

이 시기를 살아가던 사람들은 이것이 '신의 분노'이거나 특정 집단 때문에 발생했다고 생각했어요. 그들은 유대인과 마녀 때문에 이런 일들이 생긴다고 생각했고, 많은 사람들이 죽임을 당했어요.

플랑드르 화가 피터르 브뤼헐이 흑사병을 주제로 그린 〈죽음의 승리〉

프랑스에서는 농업 생산량이 줄어들어 곡물 가격도 폭등하게 되자 거의 모든 경제 활동이 중단되며 재정 위기가 찾아왔어요. 살기가 힘들어져 평민들의 불만이 높아졌음에도 성직자와 귀족은 세금을 더 올리려고 했죠. 이는 파리 시민들의 반발을 불러일으켰고 프랑스 혁명으로 이어지게 돼요.

소빙하기는 기아와 전염병으로 전 세계가 고통을 겪은 시기였으나, 이를 극복하는 과정에서 과학, 농업, 산업 분야에서 혁명적인 변화를 이루기도 했어요.

■ 과거 소빙하기이상 기후로 인해 어려움이 찾아오자 여러 사회 변화가 나타났어요. 이런 역사적 사실을 통해 우리가 배워야 할 점은 무엇일까요?

24-1 신기한 뉴스 키워드: 파리 올림픽, 축제, 지구촌

파리, 2024 올림픽 개최

2024년 올림픽은 프랑스의 수도 파리에서 개최돼요. 1924년 이후 100년 만에 파리에서 다시 열리는 올림픽이어서 전 세계의 스포츠 팬들은 큰 기대를 하고 있지요. 파리시는 2024 올림픽을 통해 문화, 예술, 스포츠가 어우러지는 축제를 만들겠다는 포부를 밝혔어요.

이번 올림픽은 환경 친화적인 대회로 꾸며질 예정이에요. 파리시는 대중교통 이용을 장려하고, 에어컨도 최소화하며 지속 가능한 에너지를 사용하는 경기장을 마련하는 등 탄소 배출을 최소화하는 노력을 기울이고 있어요. 매일 식당에서 제공되는 50가지 메뉴 가운데 절반은 100% 채식 요리로 구성했고, 감자튀김도 제외했다고 해요. 또한 대회 기간 동안 발생하는 폐기물을 줄이기 위해 재활용과 재사용을 적극적으로 추진할 계획이에요.

이번 올림픽을 위해 파리시는 여러 가지 도전 과제를 마주했어요. 교통 체증 문제를 해결하기 위해 대중교통 인프라를 대폭 확충하고, 숙박 시설을 늘리고, 센 강 수질 개선 등 대규모 준비 작업을 했지요. 모든 참가자와 관중의 안전을 최우선으로 고려해 철저한 보안 계획을 마련하고 있어요.

파리의 상징인 에펠탑 모습

경제적 측면에서 올림픽 개최로 인한 관광객 유입과 경제적 파급 효과는 프랑스 경제에 큰 활력을 불어넣을 것으로 예상됩니다. 또한 올림픽을 계기로 파리의 도시 인프라가 개선되고, 일자리 창출로 이어지는 장기적인 경제 발전을 도모할 계획이에요.

파리 올림픽은 전 세계가 하나로 모이는 축제의 장이 될 거예요. 다양한 문화와 국적의 사람들이 모여 스포츠를 통해 서로 소통하고, 평화와 화합의 메시지를 전하며, 전 세계인에게 잊지 못할 추억을 선사할 준비를 하고 있습니다.

> **개념 어휘**
> 1. 인프라: 사회의 기본적인 시설과 시스템, 예를 들면 도로, 교통, 전기, 물 공급 등.
> 2. 창출: 전에 없던 것을 처음으로 생각하여 지어내거나 만들어 냄.

정리해 볼까요?

1. 2024년 올림픽은 어디에서 개최되나요?

2. 파리시는 올림픽 기간 중 탄소 배출을 줄이기 위해 어떤 노력을 하고 있나요?

3. 파리 올림픽은 전 세계 사람들에게 어떤 의미가 있을까요?

4. 문단별 내용 정리

   1문단 : 2024 파리 올림픽 개최 소식과 기대

   2문단 :

   3문단 :

   4문단 :

   5문단 :

생각해 볼까요?

5. 파리 올림픽이 끝난 후, 파리시는 지속 가능한 발전을 위해 어떤 후속 조치를 취할 수 있을지 생각해 봅시다.

24-2 우당탕 교과서   관련 단원: 6-2 지구촌의 평화

고구려 동맹제, 그날의 현장을 가다

리포터: 안녕하십니까. 오늘은 고구려의 동맹제 현장을 취재하기 위해 이곳에 나와 있습니다. 동맹제는 고구려에서 가장 큰 제천 행사로, 나라의 모든 사람들이 모여 함께 즐기는 축제입니다. 지금 이곳에서 동맹제에 참여한 사람들을 만나 그들의 이야기를 들어보겠습니다.

리포터: 안녕하세요! 동맹제에 참여하신 소감이 어떠신가요?

백성 1: 모두 함께 모여서 축제를 즐기니 정말 신나고 즐거워요!

리포터: 그렇군요. 이번 동맹제에서 가장 기대되는 행사는 무엇인가요?

백성 1: 저는 사냥 놀이를 가장 기대하고 있어요. 가장 큰 사냥감을 잡아 제 사냥감이 제물로 뽑혔으면 좋겠어요. 사냥을 하면 소속감이 팍팍 느껴집니다.

리포터: 맞아요. 사냥 같은 대회는 사회 통합에 큰 역할을 하죠. 그럼 이번에는 한 여성분께 여쭤 보겠습니다. 안녕하세요! 동맹제에 참여하신 기분이 어떠신가요?

백성 2: 안녕하세요! 정말 즐거워요. 오랜만에 모두가 함께 모여서 노래하고 춤추며 즐기니 기분이 너무 좋아요.

리포터: 동맹제는 오랜 노동이나 전쟁으로 지친 사람들에게 새로운 활력을 불어넣어 주는 것 같아요. 그럼 이번에는 어떤 놀이가 가장 기대되시나요?

백성 2: 저는 씨름과 수박희 같은 겨루기 놀이 보는 것을 좋아해요. 긴장감도 느껴지고, 응원하다 보면 시간이 훌쩍 간답니다.

리포터: 그렇군요. 함께 하는 체육 활동이 공동체를 하나로 묶어 주는 역할을 하는 것 같군요. 마지막으로 한 아이에게도 물어보겠습니다. 안녕하세요! 동맹제에서 가장 재미있는 것은 무엇인가요?"

아이: 안녕하세요! 저는 활쏘기 경기가 제일 재미있어요! 오늘 우리 아빠가 출전하셔서 얼른 응원가야 돼요.

리포터: 정말 떨리겠군요! 제천 행사를 통해 많은 사람들이 함께 어울리고 단결력을 키우는 모습이 매우 인상적이었습니다. 지금까지 고구려 동맹제 현장에서 리포터였습니다.

어휘 통통

재활용 vs 재사용

1) 재활용(Recycling)

재활용은 사용된 자원이나 재료를 새로운 제품이나 물질로 만들어 이용하는 것을 말해요. 예를 들어, 플라스틱 병을 수집하여 재활용 공장에서 재료로 분쇄하고 새로운 플라스틱 제품을 만드는 것이 재활용의 한 사례예요.

2) 재사용(Reuse)

재사용은 사용 후에도 원래의 목적이나 다른 목적으로 그 물건을 여러 번 사용하는 것을 말해요. 예를 들어, 쇼핑백을 또 사용하거나 유리병을 세척해서 다시 사용하는 거예요.

---

1. 다음 단어를 통해 '재'라는 접두어의 뜻을 유추해 보세요.

재활용, 재사용, 재구성, 재평가

① 다른   ② 다시   ③ 나쁜   ④ 좋은

2. 앞의 신문 지문에 나온 여러 단어들 중 적절한 단어를 찾아 문장을 완성해 보세요.

창출   포부   인프라   파급

- 정부는 교통, 통신 등 사회 (   ) 구축에 많은 투자를 하고 있다.
- 새 교장 선생님의 혁신적인 (   )에 학생들이 큰 기대를 갖고 있다.
- 이번 프로젝트의 성공은 지역 사회에 긍정적인 (   ) 효과를 미칠 것이다.
- 새로운 일자리가 (   )되어 지역 경제가 활성화되었다.

24-3 생각 쑥쑥! 배경 지식을 넓혀라

제천 행사가 뭔가요?

4년에 한 번씩 열리는 올림픽. 올림픽은 스포츠를 통해 전 세계의 평화와 화합을 기원하는 의미를 가지고 있어요. 이와 같은 행사에는 무엇이 있을까요?

1. 올림픽

올림픽의 기원은 고대 그리스의 올림피아 축제에 있어요. 올림피아 축제는 고대 그리스 시대에 4년마다 엘리스 지역의 올림피아에서 열렸으며, 그리스 신 제우스를 기리기 위한 경주와 음악, 무용, 예술 등의 경연이 포함된 종합적인 축제였어요. 올림피아 축제는 기원전 776년을 시작으로 하여 약 12세기 동안 계속해서 열렸으며, 이 기간 동안 여러 차례 중단되었다가 1896년 현대 올림픽의 시작과 함께 부활하게 되었어요.

2. 제천 행사

우리 조상들에게 삶의 활력소가 되고 집단의 단결력을 강화시켰던 전통 사회의 축제는 '제천 행사'였어요. 제천 행사란 하늘에 제사를 지내고 소원을 빌며 먹고 마시는 행사예요.

① 부여의 '영고'

나라가 주관했던 큰 행사로 함께 맛있는 것을 먹고 춤을 추었어요. 감옥에 갇힌 죄인들도 풀어 주어 화합을 도모했어요. 당시만 해도 오곡이 여물지 않을 때에는 국왕이 이에 책임을 지고 물러나거나 죽임을 당해야 하는 시대였어요. 그래서 이에 적합한 왕을 뽑기도 하고, 풍작을 기원하는 종교적 의식 행사를 치르기도 했어요.

② 고구려 '동맹'

해마다 10월에 지내던 제천 의식으로, 온 나라 백성이 추수에 대해 감사하며 하늘에 제사하고 춤과 노래를 즐겼어요. 또 씨름, 수박희와 같은 겨루기, 가면극, 활쏘기 경기, 재주 부리기 등 각종 행사도 열렸지요.

고구려는 동맹 외에도, 매년 3월 3일 낙랑 언덕에서 사냥 대회를 개최한 후, 돼지나 사슴을 잡아서 하늘과 산천에 제사를 지내기도 했어요. 사냥 대회에서 바보 온달이 1등을 해서 장군이 되었다는 이야기가 전해질 정도로, 이 대회는 인재 선발의 장이기도 했지요.

③ 신라 '가배'

서기 32년에 신라의 한 임금이 특별한 행사를 벌였어요. 6부를 두 편으로 나누고, 임금의 두 딸이 각각 부에 속한 여자들과 편을 짜게 한 다음에 길쌈 대회를 벌이는 것이었는데, 길쌈은 실을 내어 옷감을 짜는 것을 말해요.

양 팀의 여자들은 7월부터, 매일 새벽에 큰 뜰에 모여 길쌈을 시작하여 밤 10시경에 끝냈어요. 대회를 마치고 그 결과를 판정하는 날은 8월 15일(음력)이었고요. 임금이 행차해서 어느 편이 더 옷감을 많이 짰는지를 보고 판정을 내리면, 진 편이 이긴 편에게 술과 음식을 대접했어요. 이때 노래와 춤 등 여러 가지 놀이가 어우러졌는데 이 행사를 '가배'라고 했어요.

④ 고려 '팔관회'

고려 시대에는 제천 행사를 불교 의식과 결합해 나라의 축제로 발전시켰어요. 이때 각국 사신들은 축하 글과 특산물들을 바쳤고 국왕은 답례로 음악 공연과 가무를 관람할 수 있게 했어요. 또 각국 상인들이 와서 무역 거래가 이루어지기도 했지요.

■ 각 나라의 왕이 제천 행사를 열었던 이유는 무엇일까요?

25-1 신기한 뉴스 키워드: 전염병, 조류 독감, 팬데믹

치명적 조류 독감 대유행 경고

미국 질병통제예방센터 전 국장이 사망률이 최대 50%에 이르는 조류 독감 대유행에 대해 경고했어요. "조류 독감은 코로나19보다 더욱 치명적"이라며 "조류 독감이 팬데믹으로 발전하는 것은 시간 문제"라고 밝혔어요.

조류 독감 바이러스가 사람에게 쉽게 감염되려면 바이러스의 특정 부분이 변해야 하는데, 이 부분은 바이러스가 우리 몸의 세포에 붙을 수 있도록 도와주는 '열쇠' 같은 역할을 한다고 해요. 이 '열쇠' 부분이 5가지 정도 변하면 사람에게도 쉽게 감염되는데, 코로나19도 이와 유사한 과정을 거쳐 대유행을 하게 되었대요. 그는 바이러스가 인간에서 인간으로 전염되면 팬데믹이 시작된다고 경고했습니다.

최근 세계보건기구(WHO)는 4월에 인간 중 처음 조류 독감에 감염된 멕시코 남성이 사망했고, 미국에서는 3월부터 5월까지 3명이 감염되었으며, 호주와 인도에서도 감염 사례가 확인되었다고 발표했어요. 전문가들은 조류 독감이 진화하며 계절성 독감과 함께 유행할 가능성을 지적하고 있어요.

H5N1(조류 독감 바이러스 중 하나)에 감염된 동물들은 다양한 증상을 보입니다. 미국에서는 농장 근로자들이 젖소를 통해 감염되었는데, 이들은 결막염 증상을 보였어요. 바이러스가 눈을 통해 들어와 폐, 위, 뇌로 빠르게 번진다는 점이 확인되었지요. 또한, 바이러스에 오염된 우유를 섭취한 쥐들도 몸으로 바이러스가 퍼지는 증상을 보였어요.

H5N1이 포유류를 계속 감염시키면 사람 간에 퍼질 수 있는 돌연변이가 일어날 가능성이 있어요. 일부 돌연변이는 이미 항바이러스제에 내성을 갖고 있기 때문에, 바이러스의 성격과 유입 경로에 대한 지속적인 모니터링이 중요해요.

> **개념 어휘**
> 1. 팬데믹: 전 세계적으로 전염병이 크게 유행하는 현상.
> 2. 돌연변이: 유전자의 구조나 수에 변화가 생긴 것.
> 3. 내성: 약물을 반복해서 먹어서 약효가 떨어지는 현상.

정리해 볼까요?

1. 조류 독감이 팬데믹으로 발전하기 위해서 바이러스의 특정 부분이 변해야 해요. 그 부분은 어떤 역할을 하나요?

2. H5N1 바이러스에 감염된 동물들이 보인 증상들에는 무엇이 있었나요?

3. 조류 독감 바이러스가 포유류를 계속 감염시키면 어떤 문제가 생길 수 있나요?

4. 문단별 내용 정리

   1문단 : 코로나19보다 치명적일 수 있는 조류 독감
   2문단 :
   3문단 :
   4문단 :
   5문단:

생각해 볼까요?

5. 코로나19, 메르스, 조류 독감 모두 동물들이 걸리던 병이에요. 그런데 사람에게 전염되는 사례가 늘고 있는 이유가 무엇일까요?

조선을 구한 종두법의 선구자, 지석영

기자: 안녕하세요, 지석영 선생님. 오늘 인터뷰에 응해 주셔서 감사합니다. 먼저, 천연두의 심각성에 대해 말씀해 주시겠습니까?

지석영: 네, 천연두는 역사적으로 매우 치명적인 전염병이에요. 조선 후기에도 많은 사람들을 고통스럽게 했고, 두창이나 마마라고 불리며 두려움의 대상이었죠.

기자: 그렇군요. 선생님께서는 어떻게 천연두 예방을 위한 종두법을 접하게 되셨나요?

지석영: 일본에서 서양 의학을 접한 박영선 선생님 덕분입니다. 선생님은 『종두귀감』이라는 책을 가져오셨는데, 저는 이 책을 통해 처음으로 서양의 종두법을 알게 되었어요. 종두법이 너무 배우고 싶어서 부산까지 걸어가서 일본 해군 군의관한테 종두법을 배웠지요.

지석영 동상

기자: 정말 헌신적이시네요. 이후 종두법을 어떻게 보급하셨는지요?

지석영: 일본에서 종두법을 배우고 돌아왔는데, 다들 처음에는 무서워서 맞으려 하질 않았어요. 그래서 어린 처남에게 첫 종두를 시도했는데 성공적이었습니다. 이후 서울에 종두장을 설립하고, 전국에 종두법을 보급하기 위해 노력했지요. 전주와 공주에도 우두국을 설치했고, 위생국에서도 종두 사업을 관장했어요.

기자: 선생님의 노력 덕분에 조선에서 천연두의 피해가 줄어든 거군요. 정부에서도 많은 지원을 했나요?

지석영: 네, 1895년에는 조선 왕실에서 모든 어린이가 태어난 지 70일부터 만 1년 사이에 의무적으로 종두 접종을 하도록 하는 '종두 규칙'을 반포했습니다. 이는 천연두 예방에 큰 도움이 되었어요.

기자: 마지막으로, 선생님이 이룬 업적에 대해 어떻게 생각하시는지요?

지석영: 저는 단지 많은 사람들의 생명을 구하고자 할 뿐이에요. 앞으로도 공중보건에 기여할 수 있는 방법을 계속 찾아 나가겠습니다.

어휘 통통

예방

예방의 '예(豫)'는 '미리'라는 뜻을 가져요. 예로 시작하는 단어들을 알아볼까요?
- **예비**(豫備): 미리 준비함.
- **예측**(豫測): 미리 헤아려 짐작함.
- **예정**(豫定): 미리 정해 놓음.
- **예언**(豫言): 미래의 일을 미리 말함.
- **예매**(豫買): 미리 구매함.
- **예상**(豫想): 미리 생각함.
- **예고**(豫告): 미리 알림.

1. 예방에서 '예'는 '미리'라는 의미입니다. 아래의 단어 중 '예'가 '미리'라는 의미를 가지고 있는 단어를 찾아 ◯ 하세요.

| 예상 | 예의 | 예지 | 예언 | 예시 |
| 예문 | 예고 | 예술 | 예매 | 예금 |

25-3 생각 쑥쑥! 배경 지식을 넓혀라

역사 속 예방 접종의 선구자들

인류는 전염병과의 전쟁을 계속해 오고 있어요. 예방 접종은 특정 질병에 대한 면역력을 높이기 위해 미리 백신을 투여하는 것을 말해요. 역사적으로 중요한 예방 접종과 관련된 인물들에 대해 살펴볼까요?

1. 에드워드 제너

에드워드 제너는 현대 백신의 아버지로 불리는 영국의 의사입니다. 제너는 우두를 맞은 사람이 천연두에 걸리지 않는다는 것을 관찰하고, 소의 젖을 짜는 여자의 손에서 우두 고름을 채취해 8세 소년 제임스 피프스에게 주사했어요. 이후 소년이 천연두에 면역되는 것을 확인한 그는 1796년에 처음으로 우두법을 개발했어요. 우두법은 소의 두창 바이러스를 사람에게 접종하여 사람 두창(천연두)을 예방하는 방법이에요. 이것은 백신 개발의 초석이 되었습니다.

에드워드 제너

2. 루이 파스퇴르

루이 파스퇴르는 프랑스의 미생물학자로, 병원균 이론의 창시자 중 1명이에요. 1879년, 파스퇴르가 닭 콜레라를 연구하던 도중 우연히 약화된 병원균을 닭에게 접종한 결과, 접종된 닭이 콜레라에 면역이 생긴다는 것을 발견했어요. 이는 약화된 병원균을 이용해 면역을 유도할 수 있다는 개념을 증명한 것이었죠. 이는 다양한 질병에 대한 백신 개발로 이어졌어요.

이 개념을 바탕으로 파스퇴르는 1885년에 광견병 백신을 개발했어요. 광견병에 노출된 소년 조제프 마이스터에게 백신을 접종하여 성공적으로 치료했지요.

루이 파스퇴르

3. 정약용

정약용은 조선의 실학자로, 청나라의 의서인 『종두방』을 읽고 인두법에 대해 알게 되었어요. 인두법은 천연두에 걸린 사람의 고름을 사용하여 다른 사람에게 접종하는 방법인데, 이 책에는 천연두 환자의 고름 딱지를 처리해 그 즙을 코에 넣으면 천연두를 예방할 수 있다는 내용이 적혀 있었어요. 그런데 인두법은 천연두를 예방하는 데 효과도 있지만, 위험성도 있었어요. 왜냐하면 천연두에 걸린 사람의 고름을 사용하는 것이기 때문이에요.

이후 정약용은 1798년에 『마과회통』이라는 의서를 편찬했어요. 이 책에는 천연두를 예방하는 방법으로 우두법을 소개했어요. 이로 인해 우두법이 조선에 널리 알려지게 되었어요.

정약용

4. 지석영

지석영은 조선의 의사이자 학자로, 에드워드 제너의 종두법을 조선에 도입한 인물이에요. 그는 일본에서 우두법을 배워 와 조선에서 시행하였고, 이를 통해 천연두의 확산을 막고자 노력했어요. 1879년, 지석영은 일본에서 배운 종두법을 바탕으로 천연두 예방 접종을 실시했고, 전국을 돌며 종두법을 전파했어요. 1882년, 지석영은 왕실의 지원을 받아 종두장을 설립했어요. 이는 조선 최초의 공공 의료 기관으로, 천연두 예방 접종을 전문으로 하는 시설이었죠. 종두장은 지석영의 지도 아래 천연두 예방 접종을 체계적으로 실시하며, 종두법의 효율성과 안전성을 알리는 데 주력했어요.

■ 백신의 기본 원리는 무엇인가요?

| 26-1 | 신기한 뉴스 | 키워드: 교류, 한류, K-푸드 |

전 세계를 강타한 K-푸드

　SNS의 실시간 콘텐츠 확산 덕분에 한국에서 인기 있는 먹거리가 해외에서도 빠르게 유행하고 있습니다. 이는 K-팝과 한국 드라마 등 K-컬처의 영향력 덕분이지요. 해외에서 인기 있는 K-팝 가수의 막국수 레시피가 트위터 실시간 1위에 오르며 큰 관심을 끌었고, 한국 드라마 속 김밥 장면이 미국에서 냉동 김밥 열풍을 일으켰어요.
　2023 해외 한류 실태 조사에 따르면, 한국 문화 콘텐츠 중 음식이 가장 대중적 인기를 끌고 있다고 해요. K-푸드는 전통 한식을 넘어서 다양한 간식류와 레트로 스낵류로 확장되고 있는데, 동남아에서 K-레트로 스낵 주문량이 크게 증가했고, 라면과 막걸리 등의 수출도 급증하고 있어요.
　이에 정부와 식품 기업들은 K-컬처 인기를 이용해 한식의 대중화를 추진하고 있어요. 정부는 한식 문화를 소개하는 캠페인과 여러 이벤트를 통해 전 세계에 한국 음식을 알리고 있는데, 이탈리아 밀라노 디자인 위크 기간 동안 선보인 한식 트램은 한국의 전통 다과상을 제공하며 큰 호응을 얻었고, 자카르타에서도 한식 문화 반짝 매장을 운영해 현지인들의 관심을 모았어요.
　김밥은 한국에서 간단한 요깃거리로 흔하지만, 해외에서는 건강하고 다양한 재료로 구성된 음식으로 인식되고 있어요. 특히 미국에서는 냉동 김밥이 인기를 끌고 있지요. 호주에서도 대형 할인점 체인에서 냉동 김밥을 출시했는데, 김밥의 인기 비결은 신선한 재료들의 조합과 한국 전통 색상의 조화, 영양적으로 우수한 점 등이라고 해요.
　이에 정부는 k-푸드 캠페인을 진행하는 해당 국가 특유의 문화적 향유 방식을 고려함과 동시에, 한식에 담긴 의미와 매력을 효과적으로 전달할 수 있도록 계속해서 다양한 프로그램을 기획하고 운영할 예정이라고 밝혔습니다.

개념 어휘
1. 요깃거리: 먹어서 배고픈 기를 면할 만한 음식.
2. 향유하다: 누리어 가지다.

정리해 볼까요?

1. 2023 해외 한류 실태조사에 따르면, 어떤 한국 문화 콘텐츠가 가장 인기가 있나요?

2. 냉동 김밥의 인기가 높은 이유는 무엇인가요?

3. 정부는 K-푸드 캠페인을 어떻게 진행하려고 하나요?

4. 문단별 내용 정리

   1문단 : 해외에서도 인기를 끌고 있는 k-푸드
   2문단 :
   3문단 :
   4문단 :
   5문단:

생각해 볼까요?

5. K-푸드를 세계에 널리 알리기 위한 여러분만의 홍보 아이디어를 적어 보세요.

최초의 한류 스타, 왕인

백제 기자: 안녕하세요, 왕인 박사님. 일본에서 최초의 한류 스타로 인기가 많으신데요. 오늘 이 자리에 모시게 되어 매우 영광입니다. 먼저, 일본에 천자문과 논어를 전하신 계기가 무엇인지 궁금합니다.

왕인: 안녕하세요. 당시 천자문과 논어를 알려 달라는 일본 왕의 요청이 있었어요. 일본은 문맹국에서 벗어나고자 하는 열망이 큰 상태였거든요.

백제 기자: 일본의 첫 인상은 어땠나요?

왕인: 아직 문화적으로 발전하지 않은 상태였지만, 학문과 예의범절에 대한 갈망은 매우 컸습니다. 저는 그들을 돕고자 노력했어요.

왕인 박사

백제 기자: 천자문과 논어를 가르치시면서 가장 기억에 남는 순간은 언제였나요?

왕인: 일본 사람들이 처음으로 한자를 읽고 쓸 수 있게 되었을 때, 그들의 눈에서 빛나는 기쁨을 보았던 순간이 가장 기억에 남습니다.

백제 기자: 또 어떤 기여를 하셨나요?

왕인: 천자문과 논어뿐만 아니라, 다양한 기술자들과 함께 기술과 학문을 전했어요. 이는 일본의 아스카 문화를 꽃피우는 데 큰 역할을 했습니다. 일본은 점차 선진 문물의 기틀을 다져 나갔지요.

백제 기자: 일본에서 '학문의 신'으로 추앙받고 계더라고요.

왕인: 매우 영광스럽고 감사한 일입니다. 제가 전한 학문과 기술이 일본의 발전에 기여했다는 점에서 큰 보람을 느낍니다.

백제 기자: 일본에서 '구다라나이'라는 말의 유래가 백제와 관련 있다고 들었어요.

왕인: 맞습니다. '구다라나이'는 '백제에 없다'는 뜻으로, 훌륭한 것은 모두 백제에 있다는 의미에서 유래되었어요.

백제 기자: 마지막으로, 백제와 일본의 관계에 대해 한 말씀 부탁드립니다.

왕인: 백제와 일본은 서로에게 많은 영향을 주었지요. 앞으로도 두 나라가 협력하여 더욱 번영하길 바랍니다.

어휘 통통

한류

'한류'는 한국의 대중문화가 해외에서 큰 인기를 끌며 확산되는 현상을 말해요. '한류'라는 용어는 '한국의 물결'이라는 뜻으로, 1990년대 후반부터 사용되기 시작했지요. 한류는 주로 음악, 드라마, 영화, 패션, 음식 등 다양한 문화 콘텐츠를 포함해요.

한류는 한국의 경제와 이미지에 긍정적인 영향을 미치고 있어요. 문화 콘텐츠의 수출이 증가함에 따라 경제적 이익이 발생하고, 한국의 문화와 전통이 세계에 널리 알려지게 되었어요. 또한, 한류 팬들은 한국어를 배우고 한국을 방문하는 등 한국 문화에 대한 관심이 높아지고 있어요.

1. 지문에서 나온 여러 단어들이 알맞게 들어가도록 빈칸을 채워 보세요.

| 강타 | 열풍 | 한류 | 출시 | 요깃거리 | 향유 |

- 최근 한국에서는 캠핑 (　　　　)이 불고 있다.
- 애플은 다음 달에 새로운 아이폰을 (　　　　)할 예정이다.
- 친구들과 영화를 보기 전에 간단한 (　　　　)로 핫도그를 먹었다.
- 그는 은퇴 후 여유로운 삶을 (　　　　)하고 있다.
- 태풍이 일본을 (　　　　)하여 많은 피해를 입혔다.
- (　　　　)의 인기로 인해 한국어를 배우는 외국인이 증가하고 있다.

26-3 생각 쑥쑥! 배경 지식을 넓혀라

옛날에도 한류가 있었대요!

한류를 통해 다른 나라와 교류하는 것처럼, 고대에도 중국, 우리나라, 일본은 많은 문화적 교류를 했어요. 특히 삼국시대에 어떤 교류를 했는지 알아볼까요?

1. 일본에게 전한 우리 문화

일본은 섬나라이기 때문에 고립되어 있었어요. 그래서 선진화된 중국의 문화를 직접 전파받을 수가 없었고, 한반도의 영향을 많이 받았지요.

백제 근초고왕(4세기) 때 아직기와 왕인이 일본에 건너갔어요. 아직기는 왜의 태자에게 한자를 가르쳤고, 왕인은 천자문과 논어를 전해 주었죠.

호류사의 금당

성왕(6세기) 때에는 5경 박사(주역, 시경, 서경, 예기, 춘추 등 경서에 능통한 자에게 주는 관직)가 유학을 전했으며, 노리사치계가 불교를, 왕보손이 천문학과 역법을 전해 주었어요. 일본 호류사라는 절은 백제 양식으로 건축된 절인데, 호류사의 백제관음상과 목탑은 백제의 영향을 받은 대표적인 유물이에요.

고구려 승려들도 일본에 문화를 전파했어요. 7세기에 담징은 종이와 먹, 맷돌 만드는 기술을 일본에 전했고, 호류사의 금당 벽화를 그렸다고 알려져 있어요. 승려 혜자는 일본 쇼토쿠 태자의 스승으로 유명하고, 승려 혜관도 불교를 전파한 것으로 알려져 있지요. 고구려 수산리 고분의 벽화와 일본 다카마쓰 고분의 벽화의 유사성을 통해 일본에 남아 있는 고구려 문화의 흔적을 찾을 수 있어요.

신라는 배 만드는 기술과 제방 쌓는 기술을 일본에 전했어요. 일본에서는 신라의 기술로 만들어진 '한인의 연못'이라는 이름의 저수지가 등장하기도 했죠.

가야는 토기 제작 기술을 일본에 전했어요. 일본의 스에키 토기는 가야에서 전해진 기술을 통해 제작된 것으로 유명해요.

기술의 전파와 함께 많은 사람들이 일본으로 이주했어요. 이들은 한반도의 선진 문물을 가지고 일본 최초의 정권인 야마토 정권을 수립했어요. 또 7세기 경 나라 지방에서 발전한 아스카 문화에 큰 영향을 주었어요.

2. 중국에게 영향을 받은 우리나라

고구려 소수림왕이 왕위에 오른 지 불과 1년이 지나지 않은 372년 여름에 전진의 왕 부견이 고구려에 특별한 선물을 보내왔어요. 전진은 중국 5호 16국 시대에 등장했던 여러 나라 중의 하나예요.

전진의 제3대 왕 부견 때 전진은 전연을 공격해 멸망시켰는데, 이때 전연의 대신 모용평이란 인물이 고구려로 도망쳐 왔어요. 그때 고구려 왕이었던 고국원왕은 그를 체포해 전진의 왕 부견에게 보냈어요. 그 일로 전진은 고구려와 가깝게 지내게 됐고, 소수림왕이 즉위하자 사신과 함께 승려를 보내며 부처님의 모습을 조각한 불상과 불교의 가르침을 기록한 불경을 선물로 보낸 것이에요.

백제도 중국에서 전진과 세력을 다투던 동진을 통해 불교를 받아들이게 돼요. 이렇게 종교뿐만 아니라 백제와 고구려는 중국으로부터 비단, 서적, 도자기 등을 수입하면서 교역을 하기도 했어요.

고구려, 백제는 서해를 통해 중국과 활발히 교역했지만, 태백산맥으로 가로막혔던 신라는 중국과의 교역이 쉽지 않았어요. 그래서 불교도 고구려를 통해 들어오게 되었답니다.

■ 다른 나라와의 교류는 꼭 필요할까요? 필요하다면 왜 필요할까요? 여러분의 생각을 적어 보세요.

27-1 신기한 뉴스 키워드: 가와지쌀, 신석기, 농업

가와지쌀, 글로벌 도약을 꿈꾸다

고양시가 우리나라에서 가장 오래된 볍씨인 '가와지 볍씨'의 전통을 계승하며 벼 품종 '가와지 1호'를 새로 개발했어요. 경기도 고양시에서 발견된 가와지 볍씨는 약 5,020년 전의 재배 벼로, 한반도 농사의 기원이 신석기 시대부터 시작되었음을 증명하지요. 이러한 역사적 유산을 기반으로, 고양시는 가와지 1호를 특화 품종으로 육성하기로 하고 재배 면적을 지속적으로 확대하고 있어요.

가와지 1호는 일반 쌀보다 쫄깃하고 부드러운 식감으로 많은 소비자들에게 사랑받고 있어요. 고양시는 가와지 쌀을 재배하는 농가들에게 쌀 1kg당 200~300원의 지원금을 주었고, 쌀 품질에 따라 보상금을 다르게 주는 제도를 도입했어요. 또, 재배 기술 교육과 친환경 인증 확대 등을 통해 품질을 더욱 높이고 있어요.

고양시는 2018년부터 가와지쌀을 미국으로 수출하며 글로벌 시장에서도 경쟁력을 키우는 중입니다. 지난해 뉴욕 킴스마켓에 1톤을 수출한 것을 비롯해, 가와지쌀을 활용한 다양한 가공식품 개발에도 박차를 가하고 있지요. 가와지쌀로 만든 식사용 빵, 파운드 케이크, 쿠키 등을 선보이며 큰 인기를 끌기도 했어요.

고양시는 계속 가와지쌀의 새로운 활로를 모색하는 중이에요. 이미 가와지쌀을 활용한 쌀라테와 쌀프라푸치노를 출시해 좋은 반응을 얻기도 했지요. 올해는 '가와지 캔쌀'과 '스틱쌀' 등 소포장 선물 세트를 출시해 엠지(MZ) 세대를 공략하고 가와지쌀의 가능성을 더욱 발굴해 나갈 예정이에요.

고양시 관계자는 "가와지쌀의 우수한 품질과 맛을 널리 알리기 위해 지속적으로 노력할 것"이라며, 지역 농업의 발전에 기여하겠다고 밝혔습니다.

개념 어휘
1. 볍씨: 벼의 씨앗.
2. 모색하다: 일이나 사건 등을 해결할 수 있는 방법이나 실마리를 더듬어 찾다.

정리해 볼까요?

1. 가와지 볍씨는 어떤 의미를 가지고 있나요?

2. 고양시는 가와지쌀을 재배하는 농가들에게 어떤 지원을 하고 있나요?

3. 가와지쌀을 이용한 새로운 활로에는 어떤 것이 있나요?

4. 문단별 내용 정리
   1문단 : 가와지 1호를 통해 농업 혁신을 주도하고 있는 고양시
   2문단 :
   3문단 :
   4문단 :
   5문단 :

생각해 볼까요?

5. 가와지쌀을 이용한 새로운 제품 개발 아이디어를 제안해 봅시다.

신석기인의 일기

6월 29일	맑음 ☀

 오늘은 아주 바쁜 날이었다. 아침에 일어나자마자 엄마와 함께 밭으로 갔다. 우리가 심은 조와 피가 잘 자라고 있어서 기분이 좋았다. 엄마는 돌괭이로 땅을 열심히 일구셨고, 나는 돌보습으로 잡초를 뽑았다. 땀을 많이 흘렸지만, 우리 가족이 먹을 곡식을 생각하니 힘이 났다. 밭에서 돌아와서는 오빠와 함께 물고기를 잡으러 갔다. 강 옆에 살다 보니, 매일 고기 잡는 기술이 늘고 있는 것 같다. 오늘은 그물에 돌을 매단 돌그물추를 이용해서 물고기를 5마리나 잡았다. 조개도 잔뜩 캤다.

 집에 돌아와서는 엄마와 함께 갈판과 갈돌을 이용해서 조와 피의 껍질을 벗기고 가루를 냈다. 그리고 그 가루를 빗살무늬 토기에 잘 담았다. 그 가루에 물을 담아 죽을 끓여 먹었는데, 내가 수확한 것으로 만들어서 그런가? 더 맛있고 고소했다.

 그런데 오늘 사냥을 나갔던 아빠가 새끼 멧돼지를 데려 왔다. 새끼 멧돼지가 아빠를 따라왔다고 했다. 그래서 사람들은 새끼 멧돼지를 우리에서 키워서 나중에 잡아먹기로 했다. 멧돼지에게 먹이를 주는 일이 늘긴 했지만 멧돼지가 얼른 크면 좋겠다. 고기를 배불리 먹는 것도 좋지만, 가죽으로 새 옷을 만들고 싶다. 오빠는 돼지 뼈로 낚시 도구를 만들고 싶다고 했다.

 오늘 하루도 바쁘고 힘들었지만, 우리 가족과 함께해서 행복하다. 예전처럼 떠돌지 않고 한곳에 정착해서 농사짓는 생활이 정말 좋다. 내일은 아빠 간석기 만드는 것을 도와드리기로 했다. 내가 만든 도구로 열심히 일해서 더 많은 곡식을 수확해야지!

빗살무늬 토기

어휘 통통

식감

'식감'은 한자로 '食(먹을 식)'과 '感(느낄 감)'인데, 음식을 먹을 때 느껴지는 감각을 의미해요. 음식의 질감, 맛, 온도 등을 포함하여 입안에서 느끼는 다양한 감각을 포괄하는 단어예요. '느낄 감(感)'이 들어가는 단어들을 알아볼까요?

- **감동**(感動): 깊이 느껴 마음이 움직임.
- **감각**(感覺): 외부의 자극을 받아들이고 느끼는 능력.
- **감정**(感情): 사람의 마음에서 일어나는 여러 가지 느낌이나 기분.
- **감흥**(感興): 어떤 일이나 대상에 대해 느끼는 흥미나 흥취.
- **민감**(敏感): 외부 자극에 대해 쉽게 반응하는 상태.
- **예감**(豫感): 어떤 일이 일어날 것 같은 느낌.
- **오감**(五感): 5가지 기본적인 감각

1. 식감에서 '감'은 '느끼다'라는 의미입니다. 아래의 단어 중 '감'이 '느끼다'라는 의미를 가지고 있는 단어를 찾아 ◯ 하세요.

감별   민감   감수성   감시   감촉

감독   감소   감염   감동   감면

27-3 생각 쑥쑥! 배경 지식을 넓혀라

쌀과 밀이 바꾼 문화

우리나라는 주식이 쌀이고, 서양은 빵이에요. 똑같이 농사를 지었는데 왜 주식이 다를까요? 바로 기후와 재배 환경이 다르기 때문이에요.

1. 쌀이 만든 동양 문화

쌀농사는 매우 까다로운 농사 중 하나예요. 많은 물, 햇빛, 비옥한 토지가 있어야 하고, 잡초와 병충해에 취약해서 관리를 계속 해 줘야 하거든요. 어느 정도 물이 고여 있는 곳(논)에서만 재배할 수 있는 습지 식물이기 때문에, 물이 항상 잘 공급되어야 해요. 그래서 기후가 따뜻하고 물이 많은 곳에서만 재배할 수 있었어요.

관개 시설이 필요한 쌀농사

그런데 옛날에 물을 어떻게 안정적으로 공급할 수 있었을까요? 저수지 같은 관개 시설, 수리 시설을 만들어야 했는데 그러기 위해서는 많은 사람이 필요했어요. 끌어온 물은 여러 농가가 나눠 써야 했지요. 또 모내기, 잡초 제거, 추수까지 엄청난 노동을 계속 해야 했기 때문에, 두레와 품앗이처럼 서로서로 도와주는 풍습이 생겼어요. 이렇게 서로 도움을 주고받는 과정에서 자연스럽게 공동체가 만들어지고, 협동과 집단을 중시하는 정서가 발달하게 되었어요. 이런 상호의존적인 관계를 통제하기 위해서 중앙집권적 왕권 국가도 탄생하게 되었고요.

2. 밀이 만든 서양 문화

쌀과 다르게 밀은 많은 물이 필요하지 않아요. 그래서 건조한 지역에서도 잘 자라고 쌀처럼 엄청난 규모의 관개 시설이 필요하지 않지요. 이것은 쌀농사 지역과 비교하면 단체 노동이 필요하지 않다는 의미이기도 해요.

건조했던 메소포타미아, 이집트, 유럽의 환경에는 쌀보다 밀이 더 잘 맞았어요. 그런데 밀은 영양분이 부족한 편

밀 껍질을 분리하는 풍차

이어서 균형 잡힌 식사를 하기 위해선 고기를 곁들여 먹어야 해요. 그래서 그들은 밀을 뿌려 놓고 가축에게 먹일 풀을 찾기 위한 유목 생활을 하다가, 때가 되면 돌아와서 밀을 수확하는 방식으로 농사를 지었어요. 밀은 잡초와 병충해에도 강해서 손이 많이 필요하지 않았거든요.

3. 동양과 서양의 사고방식과 발전의 차이

이렇게 서로 다른 농경 문화는 사고방식의 차이로도 연결돼요. 밀만으로 살 수 없었던 서양인들은 외부와 교역을 일찍 시작했는데, 자연스럽게 유럽에서는 교역 통로로서의 길이 발달했어요. 그래서 쌀농사를 짓는 동양은 마을을 중심으로 한 공동체의 협동을 중시하고, 밀 농사를 하는 서양은 길을 중심으로 효율성과 능률성을 따지는 사회를 이루게 됐다고도 설명하고 있지요.

또 쌀은 껍질이 잘 분리되는데 밀은 낟알이 쉽게 깨지기 때문에 껍질만 분리해 낼 수 없었어요. 이 과정이 쉽지 않았기 때문에 쌀과는 달리 큰 규모의 방앗간이나 공장이 있어야 했어요. 인류학자들은 이렇게 풍차, 방아와 분쇄기 등 복잡한 기계들을 만든 것이 훗날 산업 혁명으로 이어졌다고 보고 있어요.

밀은 쌀보다 소화는 잘 안 되지만 보관하기가 쉽고 휴대하기 편하며 조리하기도 쉬워요. 또 보관 기간도 쌀보다 길지요. 밀의 이런 특성 덕분에 기동력이 좋아진 유럽인들은 고대부터 근대까지 지중해를 넘어 멀리까지 뻗어 나갈 수 있었어요. 학자들은 유럽인이 대항해 시대를 거쳐 해외 식민지를 개척했던 원동력도 이것에서 설명하고 있어요.

■ 우리나라는 논농사를 짓는 환경의 영향을 받아 공동체 문화가 발달했어요. 이 외에 공동체적 정서가 잘 드러나는 문화나 제도에는 어떤 것이 있을까요?

28-1 신기한 뉴스 키워드: IMF, 구제 금융, 주 6일제

그리스, 주 6일 근무제 도입 논란

그리스가 7월 1일부터 일부 업종에 한해 주 6일 근무제를 도입했어요. 이로써 법정 최대 근로 시간이 주 40시간에서 주 48시간으로 늘어나게 됐지요. 이번 결정은 소매업, 농업, 서비스업 등의 근로자들이 추가 근무에 대한 적절한 보상을 받지 못하는 문제를 해결하기 위한 조치로, 추가 근무 8시간 동안 임금의 40%를 추가로 지급하도록 했어요.

그리스 정부는 이런 결정이 근로자들의 근로 환경을 개선하고, 정당한 임금을 보장하기 위한 것이라고 설명했어요. 그러나 한편에서는 근로자들의 근로 환경을 악화시킬 수 있다는 우려가 제기되고 있습니다. 경제협력개발기구(OECD)에 따르면, 그리스는 이미 연간 근무 시간이 1,886시간으로 OECD 국가 중 일곱 번째로 길다고 해요. 이로 인해 법적으로 일하는 시간을 늘리면 심각한 과로 사회로 향할 수 있다는 지적인 것이죠.

그리스가 IMF 구제 금융 이후로 경제적 어려움을 계속 겪고 있어 이러한 결정을 내렸다는 점도 배경으로 작용했어요. 그리스는 2010년부터 2018년까지 세 차례의 국제통화기금(IMF) 및 유럽연합(EU) 구제 금융 프로그램을 받았어요. 2018년 이후로 그리스 경제는 점진적인 회복세를 보이고 있지만, 여전히 경제 성장률은 낮고, 실업률은 높은 상태이지요. 그리스 정부는 관광 산업 등 주요 산업의 발전을 도모하고 있으나, 경제 회복이 완전히 이루어지기까지는 시간이 더 필요할 것으로 보여요.

결국 주 6일 근무제 도입은 근로자들이 더 많은 시간을 일하도록 부추길 수 있으며, 그리스의 노동 환경을 더욱 악화시킬 가능성이 크다는 지적이에요. 경제의 지속적인 발전을 위해 노동력 감소를 방지해야 한다는 판단이 작용했지만, 부작용도 크기 때문에 그리스 정부의 고민이 깊어지고 있습니다.

개념 어휘
1. 구제 금융: 경제 위기에 처한 국가나 기업을 돕기 위해 제공하는 자금.
2. 도모하다: 어떤 일을 이루기 위하여 대책과 방법을 세우다.
3. 과로: 지나치게 일을 많이 함.

정리해 볼까요?

1. 그리스 정부가 근로자들의 근로 환경을 개선하고, 정당한 임금을 보장하기 위해 도입한 제도는 무엇인가요?

2. 그리스가 주 6일 근무제를 도입한 또다른 이유는 무엇인가요? (1번 이유 제외)

3. 주 6일 근무제에 대한 그리스 정부의 고민은 무엇인가요?

4. 문단별 내용 정리
   1문단 : 그리스의 주 6일 근무제 도입
   2문단 :
   3문단 :
   4문단 :

생각해 볼까요?

5. 여러분은 하루에 몇 시간 일하는 것이 적당하다고 생각하나요? 그리고 주 6일 근무제에 대해 어떻게 생각하나요?

IMF로부터 독립한 날

앵커: 안녕하십니까, 2001년 8월 23일 오늘! 대한민국은 역사적인 순간을 맞이했습니다. 1997년 외환위기 당시 IMF(국제통화기금)으로부터 지원받은 195억 달러를 모두 상환한 것이죠! 이는 당초 예정했던 시기보다 3년 앞당겨진 결과입니다. 우리 국민들은 어떻게 느끼고 있는지 현장에 나가 보았습니다.

리포터: 저는 지금 서울 광화문 광장에 나와 있습니다. 이곳에서는 기쁨과 자부심이 가득합니다. 시민들의 반응을 들어보겠습니다.

시민 A: 정말 감격스럽습니다. 우리가 함께 노력해서 이뤄 낸 결과라 더 의미가 크다고 생각합니다.

시민 B: 금 모으기 운동에 참여했었는데, 그때의 작은 노력이 이렇게 큰 결과로 돌아오니 뿌듯합니다.

새마을 부녀회 대표: 경제가 살아야 나라도 산다는 마음으로 금 모으기 운동을 시작했는데, 이렇게 큰 성과를 보게 되어 기쁩니다.

앵커: 1997년 외환위기 이후, 국민들은 금 모으기 운동에 참여하며 국가의 경제 회복을 위해 헌신했습니다. 350만여 명이 227톤의 금을 내놓았고, 이는 IMF 지원금을 상환하는 데 큰 힘이 되었습니다.

경제 전문가: 정부와 국민이 하나 되어 이룬 성과입니다. 특히 금 모으기 운동은 전 세계에 한국인의 단결력을 보여 준 사례라고 할 수 있지요.

앵커: 김대중 대통령 역시 이번 성과를 높이 평가하며, 국민들에게 감사의 뜻을 전했습니다. 그는 "국민들의 희생과 노력이 오늘의 결과를 만들었다"며, 앞으로도 경제 안정을 위해 최선을 다하겠다고 밝혔습니다. 오늘은 대한민국이 IMF로부터 완전히 독립한 날입니다. 국민 모두의 노력이 모여 이룬 성과를 함께 축하합시다.

어휘 통통

상환하다

'상환하다'는 빌린 돈이나 채무를 갚는 것을 의미해요. 예를 들어, 은행에서 대출을 받았을 때, 대출금을 상환한다는 것은 빌린 돈을 원금과 이자를 포함하여 갚는 것을 뜻해요. '상환하다'처럼 빚이나 채무를 갚는 행위를 나타내는 단어들은 무엇이 있을까요?

- 갚다: 빌린 돈이나 받은 것을 돌려주다.
- 변제하다: 빚이나 채무를 갚다.
- 지불하다: 돈을 내다.
- 회수하다: 빌려준 돈이나 물건을 되찾다.
- 청산하다: 빚이나 채무를 끝내다.

1. 다음 두 낱말의 관계와 비슷한 것을 찾아보세요.

> 상환하다 - 갚다

① 근로-과로　　　　② 개방-폐쇄
③ 우려하다-걱정하다　④ 급증-급감

2. 서로 관련이 있는 것끼리 연결하여 보세요.

① 구제 금융 •　　• ㉠ 빌린 돈이나 채무를 갚다
② 상환하다 •　　• ㉡ 어떤 일을 이루기 위하여 대책과 방법을 세우다
③ 도모하다 •　　• ㉢ 경제 위기에 처한 국가나 기업을 돕기 위해 제공하는 자금

28-3 생각 쑥쑥! 배경 지식을 넓혀라

국제 구제 금융, 도대체 뭔가요?

국제 구제 금융은 경제 위기를 겪고 있는 국가나 대기업을 돕기 위해 국제 금융 기관이나 국가들이 제공하는 긴급 자금 지원을 의미해요. 국제 구제 금융의 주요 목표는 해당 국가가 경제적 위기를 극복하고 장기적인 경제 안정을 이루도록 돕는 것이에요.

1. 국제 구제 금융의 종류

① 국제통화기금(IMF)

IMF는 가장 대표적인 국제 구제 금융 기관 중 하나예요. IMF는 회원국이 경제적 어려움에 처했을 때 긴급 자금을 제공하며, 이를 통해 해당 국가가 경제 개혁 프로그램을 실행하도록 유도해요.

② 세계은행(World Bank)

세계은행은 주로 개발도상국의 경제 발전을 지원하기 위해 장기적인 자금을 제공하는 기관이에요. 긴급한 구제 금융보다는 개발 프로젝트와 관련된 자금을 주로 지원해요.

국제통화기금

③ 유럽연합(EU)

EU는 유럽 내에서 경제 위기를 겪는 회원국이 있을 때 구제 금융을 제공해요. 주로 유로존 국가들 사이에서 발생하는 경제적 문제를 해결하기 위한 것이지요.

2. 우리나라의 구제 금융 이야기

우리나라는 1997년 11월 국제통화기금(IMF)에 구제 금융을 신청했어요. 이는 1997년 아시아 금융 위기 때문이었지요. 당시 태국 바트화의 급격한 평가절하로 인해 다른 아시아 국가들의 통화와 주식 시장도 큰 타격을 받게 되었어요. 우리나라 역시 외환 보유고가 급격히 감소하고, 대기업들이 연쇄 부도를 하면서 금융 시스템이 큰 압박을 받았지요. 특히, 한보, 기아자동차 등 대기업들이 부도가 나면서 금융권에 큰 충격을 주었어요.

1997년 11월, 정부는 더 이상 외환 위기를 자체적으로 해결할 수 없다고 판단하여 IMF에 구제 금융을 공식 요청했어요. IMF와의 협상을 통해 한국은 약 580억 달러 규모의 구제 금융 패키지를 지원받기로 합의했는데, 당시로서는 최대 규모의 구제 금융 지원이었어요.

하지만 세상에 공짜는 없는 법! IMF는 구제 금융을 해 주는 조건으로, 여러 가지 경제 개혁과 긴축 정책을 요구했어요. 그 결과 구조 개혁을 할 수밖에 없었고, 기업들이 대규모 구조조정을 하면서 실업률이 급증하자 사회적 불안과 정치적 갈등도 심화되었어요.

하지만 우리나라는 다행히 2년 만에 외환 위기를 벗어나는 데 성공해요. 외환 위기를 벗어난 결정적인 계기는 350만 명의 국민이 금 모으기 운동을 통해 모은 금 227톤이었어요. 나라를 살리겠다는 한국 국민들의 정성에 전 세계가 놀랐고, 마침내 IMF에 빌린 돈을 모두 갚을 수 있게 되었어요.

■ IMF 구제 금융 사태는 우리나라 경제에 큰 충격을 주었지만, 동시에 중요한 교훈을 남겼어요. 우리는 무엇을 배울 수 있었나요?

29-1 신기한 뉴스 키워드: 화재, 리튬 배터리, 이차전지

화성 배터리 공장 화재 참사

지난 24일 경기 화성시 일차전지 제조업체 아리셀 공장에서 폭발과 함께 화재가 발생해, 67명의 근무자 중 20여 명이 목숨을 잃는 참사가 발생했습니다. 이번 화재는 배터리로 옮겨붙은 불이 걷잡을 수 없이 확산된 것으로 밝혀졌어요.

일차전지는 재충전 없이 폐기되는 배터리를 말하는데, 리튬이 들어간 일차전지는 특히 수명이 길어 소형가전, 전자태그 장치 등에 주로 사용되고 있어요. 그런데 리튬은 물에 닿으면 급격한 발열 반응으로 인해 폭발의 위험이 커요. 이로 인해 리튬 전지는 화재 발생 시 연쇄적인 폭발과 독성 가스가 발생해서 건물 내부 진입의 어려움 등의 문제를 일으킬 수 있어요.

이번 화재도 배터리 1개에 불이 붙으면서 급속도로 확산된 것으로 파악되었어요. 화재 초기에 화염과 연기가 대량 발생해 시야 확보가 되지 않았고, 그 상황에서 연쇄적으로 폭발이 일어나 급속도로 확산된 것이죠.

이런 문제점에도 리튬 전지가 많이 사용되는 이유는 높은 에너지 밀도 때문이에요. 같은 부피와 질량 안에 많은 에너지를 저장할 수 있고, 가벼워서 휴대성이 뛰어나다는 장점이 있어요. 일차전지는 1회 사용 시간이 길고, 이차전지는 고속 충·방전이 가능해 다양한 전자 기기에 널리 사용돼요. 하지만 이차전지는 열 폭주 현상이 일어나고 배터리 내부에선 수백 도의 열이 계속 발생하기 때문에 언제든 다시 불꽃이 일어날 수 있어요.

전 세계 과학자들은 리튬을 대체할 새로운 전지 개발에 힘쓰고 있어요. 이번 화재 참사를 계기로 리튬 전지의 안전성 문제에 대한 경각심을 가지고, 대체 전지 연구에 박차를 가할 것으로 보입니다.

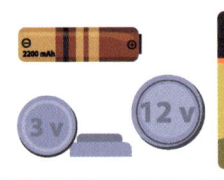

> **개념 어휘**
> 1. 참사: 뜻하지 아니하게 생긴 불행한 사고나 재난.
> 2. 일차전지: 재충전 없이 한 번만 사용할 수 있는 전지.

정리해 볼까요?

1. 이번 화재가 발생한 장소는 어디인가요?

2. 리튬 전지는 물과 닿았을 때 어떤 위험이 있나요?

3. 리튬 전지의 장점은 무엇인가요?

4. 문단별 내용 정리
   - 1문단 : 아리셀 공장에서 발생한 화재 참사
   - 2문단 :
   - 3문단 :
   - 4문단:
   - 5문단 :

생각해 볼까요?

5. 여러분은 새로운 전지가 개발된다면, 어떤 기능이 필요하다고 생각하나요?

29-2 우당탕 교과서 관련 단원: 4-1 지역의 공공기관과 주민 참여

조선의 안전을 위한 도약, 멸화군 창설

존경하는 한성부의 백성 여러분,

오늘, 저 세조는 조선의 안녕과 번영을 위해 중요한 결정을 내리고자 이 자리에 섰습니다. 최근 크고 작은 화재가 잇따라 발생하여 많은 가옥이 소실되고, 소중한 생명이 잃어지는 참사를 목격했습니다. 이에 따라 우리는 더 이상 이러한 비극을 방관할 수 없음을 절실히 느꼈습니다.

오늘부로, 우리나라 최초의 독립 소방관, 금화군을 멸화군으로 확대하고자 합니다. 멸화군은 불을 끄는 '소(消)', 화재를 예방하는 '방(防)'의 일을 모두 하게 될 것입니다. 이 전문 소방수들은 종루에서 화재를 감시하고, 방화벽을 설치하며, 각종 화재 진압 도구로 불을 끄는 일을 맡을 예정입니다.

또한 화재 예방을 위하여 일정 구역마다 물을 담은 항아리를 비치하고, 우물을 파도록 하겠습니다. 집들이 다닥다닥 붙어 있지 않도록 간격을 두고, 필요에 따라 도로를 넓히기 위해 민가를 철거하는 등의 조치를 취할 것입니다.

화재가 발생할 경우, 멸화군은 신패를 차고 급수비자와 함께 신속히 현장으로 출동하여 화재를 진압할 것입니다. 멸화군은 밧줄과 긴 사다리를 이용해 지붕으로 올라가서 쇠갈고리로 기와나 짚을 걷어 내고, 도끼로 기둥을 찍어 건물을 무너뜨리는 등의 방법으로 화재를 막을 것입니다. 목조 주택의 경우 불길이 번지지 않도록 무너뜨리는 데 중점을 둘 것입니다.

이들은 숙소 생활을 하면서 화재 관련 노하우를 전수받아, 금화군보다 더욱 발전된 형태의 화재 진압 체계를 구축할 것입니다.

백성 여러분, 저는 이 멸화군의 창설이 앞으로 한양의 화재 예방과 진압에 큰 도움을 줄 것이라고 확신합니다. 이는 우리의 생명과 재산을 지키기 위한 중요한 발걸음이며, 조선의 미래를 밝게 하는 초석이 될 것입니다. 여러분의 협조와 지지를 부탁드립니다.

어휘 통통

화재

화재(火災)는 '불 화(火)', '재난 재(災)'로 '불로 인한 재난'이라는 뜻이에요. 화재와 관련된 단어들에는 어떤 것들이 있을까요?

- **화염**(火焰): 강렬한 불꽃이나 타오르는 불길.
- **발화**(發火): 불이 나기 시작하다.
- **소화**(消火): 불을 끄다.
- **화상**(火傷): 불에 의해 입은 상처.
- **진화**(鎭火): 불을 진압하다.
- **방화**(放火): 일부러 불을 지르는 행위.

1. 다음 문장을 읽고, 위의 불과 관련된 단어 중 적절한 것을 골라 적어 보세요.
   - (   )범이 고의로 불을 질러 큰 피해를 입혔습니다.
   - (   ) 작업이 완료된 후 잔불 정리가 진행되었습니다.
   - 소방관들의 노력으로 불길이 완전히 (   )되었습니다.
   - 전기 합선으로 인해 (   )한 것으로 추정됩니다.
   - (   ) 치료를 위해 병원으로 긴급 이송되었습니다.
   - 고층 건물에서 (   )이 치솟아 소방관들이 긴급 출동했습니다.
   - 어젯밤에 대형 (   )가 발생하여 많은 건물이 소실되었습니다.

29-3 생각 쑥쑥! 배경 지식을 넓혀라

옛날에는 불이 나면 어떻게 했을까?

예나 지금이나 화재는 많은 피해를 입히는데요. 예전에는 화재가 발생하면 어떻게 했을까요?

1. 금화도감 설치

조선 시대 한양의 집들은 대부분 나무와 짚으로 지어 한 번 불이 나면 집 여러 채가 타는 경우가 많았어요. 이에 태종은 1417년 '금화령'을 내렸어요. "실수로 자기 집에 불을 낸 사람은 곤장 40대, 이웃집까지 불태우면 곤장 50대, 종묘나 궁궐까지 불태운 사람은 사형에 처한다."

세종은 한성부(지금의 서울시)에 금화도감을 설치했어요. 금화도감 관원들의 업무는 무엇이었을까요? 백성을 대상으로 화재 예방 교육을 하고, 집과 집 사이에 담을 만들어 불이 이웃집으로 번지는 것을 막도록 했어요. 조선 초기만 하더라도 인심이 무척 순박해 도심 집들조차 담장이 없는 경우가 많았거든요.

그런데 설치한 지 불과 4개월 만에 금화도감은 '크게 할 일이 없어진 관청'이 됐어요. 철저한 화재 예방 덕에 더 이상 불이 나는 일이 없어졌던 거예요.

그러다 1467년 12월 14일 대궐 안의 음식을 관장하는 관서인 사옹원에 불이 났고, 이로 인해 사옹원을 비롯해 간경도감과 창고 및 민가에까지 불이 옮겨붙는 일이 발생했어요. 이로 인해 금화군만으로 큰 화재를 진압하는 것은 어렵다고 느끼게 된 세조는 1467년 12월 20일 금화군을 멸화군으로 확대했어요.

2. 멸화군이 했던 일

멸화군은 이름 그대로 불을 없애는 군인으로 우리 역사상 최초의 전문 소방관이에요. 멸화군의 정원은 50명으로 도끼 20개, 쇠갈고리 15개, 삼끈으로 만든 동아줄 5개를 지급받았다고 해요. 이들은 지급받은 물품을 지니고 이층으로 만들어진 종루에 올라가서 화재를 감시하는 일을 했는데, 이외의 각 관청과 각 집에 불을 끄는 도구들을 비치하고, 관리들로 하여금 이것을 감독하게 했어요.

만약 종루에서 화재를 감시하다가 화재가 난 것을 발견하면 종을 쳐서 화재가 났음을 알렸어요. 종소리를 들은 멸화군들은 지급받은 물품인 도끼, 쇠갈고리와 함께 보자기, 물에 적신 천을 매달아 놓을 장대인 멸화자를 가지고 화재 장소로 출동하지요. 이때 멸화군에

조선 말에 사용된 소방대 목제 수총기

속한 급수자들도 물통을 들고 화재 장소로 함께 출동해요. 이렇게 현장에 도착한 멸화군은 깃발을 세워 화재 진압을 돕기 위해 오는 사람들이 화재 장소를 쉽게 찾을 수 있게 했어요.

화재 진압은 불을 끄는 것과 다른 곳으로 불이 번지는 것을 막는 것으로 이루어졌어요. 불은 불채와 보자기를 물에 적셔서 끄고, 급수자들이 퍼온 물도 불을 끄는 데 사용했지요. 쇠갈고리와 도끼는 불난 집을 무너뜨리는 용도로 사용해 불이 옆으로 번지는 것을 막았어요.

멸화군은 임진왜란 이후에 규모가 축소되면서 사라졌어요. 그래서 임진왜란 이후에는 병조와 한성부가 필요에 따라 소방 업무를 담당했지요. 갑오개혁이 시행된 1894년엔 경무청이 화재 관련 업무를 맡았고요.

■ **금화도감과 멸화군 이외의 조선 시대 화재 예방 대책에는 어떤 게 있었는지 조사해 보세요.**

30-1 신기한 뉴스 키워드: 위생, 식자재, 훠궈, 훠궈

중국 훠궈 식당 및 식자재 공급업체의 비위생적 관리 실태

최근 중국에서 유명 훠궈 식당과 대형 식자재 공급업체의 부실한 관리 실태가 드러나 충격을 주고 있어요. 항저우에 사는 한 여성이 어머니와 함께 유명 훠궈 체인점에서 식사한 후 혀가 까맣게 변색된 일이 일어났어요. 이 여성은 이를 SNS에 공유했고, 유사한 경험을 한 사람들의 신고가 이어지면서 논란이 커졌지요. 훠궈 식당은 쇠솥 관리 부실을 인정하고 사과했어요.

한편, 중국 신경보는 지난 17일 산둥성과 허난성의 식품 공장의 비위생적인 관리 실태를 폭로했어요. 취재진이 예고 없이 방문한 산둥성 공장에서는 오리와 거위 내장이 비위생적인 환경에서 가공 중이었죠. 노동자들은 하수관에 빠진 오리를 건져내 가공하고, 일부는 오리 내장 보관 바구니에 담배꽁초를 버리는 등의 행태를 보였어요.

허난성 공장에서는 노동자들이 고무 장화를 신고 거위 내장을 밟아 배설물을 짜냈고, 바닥과 벽은 오물로 얼룩져 있었어요. 이런 오리와 거위 내장은 생산 일자도 표기하지 않은 채 충칭의 훠궈 식당에 판매되었어요.

이와 관련해 식품 관리 당국은 두 공장을 폐쇄하고 안전 관리에 대한 조사를 시작했어요. 작업장을 소유한 업체는 외부 업체가 관리를 부실하게 한 거라고 해명했지만, 당국은 책임자에 대한 조사와 처벌을 진행할 거라고 밝혔어요.

네티즌들은 "훠궈 먹을 때 꼭 시켜야 하는 메뉴인데 충격이다"라며 분노를 표하고 있어요. 이번 사건은 중국 식품 안전 관리에 대한 신뢰를 크게 흔들었으며, 관련 업계의 전반적인 개선이 필요하다는 목소리가 높아지고 있습니다.

개념 어휘
1. 변색되다: 빛깔이 변하여 바뀌다.
2. 부실하다: 내용이 실속이 없고 충분하지 못하다.

정리해 볼까요?

1. 항저우에서 한 여성이 훠궈 체인점에서 식사한 후 어떤 이상 증상을 겪었나요?

2. 산둥성과 허난성 식품 공장에서 발생한 문제점은 무엇인가요?

3. 이번 사건으로 인해 어떤 조치가 취해졌나요?

4. 문단별 내용 정리

   1문단 : 항저우 훠궈 체인점에서 식사 후 혀가 변색된 사건

   2문단 :

   3문단 :

   4문단 :

   5문단 :

생각해 볼까요?

5. 여러분은 식품의 위생과 안전을 보장하기 위해 어떤 노력이 필요하다고 생각하나요?

조선 최고의 '정직한 인삼'
: 진짜 인삼만을 약속합니다

안녕하세요, 여러분! 귀한 인삼을 찾고 계신가요?

저는 조선 최고의 인삼, '정직한 인삼' 판매자입니다. 저희는 정직하게 재배하고 가공된 진짜 인삼만을 판매합니다.

혹시 시장에서 가짜 인삼에 속은 적은 없으신가요? 지금 조선 후기 한양에는 운종가, 배오개, 소의문 등 여러 큰 시장이 있는데 특히 서소문 시장에서는 짝퉁 인삼이 많이 팔리고 있습니다. 짝퉁 인삼을 파는 '안화상'이라는 상인들이 판을 치고 있지요.

사치품은 다 짝퉁이 있다고들 하지만, 특히 인삼은 심각합니다. 대동법 시행 후, 인삼의 수요는 증가했지만 산지는 줄어들면서 공인들이 가격을 맞추기가 어려워졌거든요. 그래서 안화상들이 도라지나 더덕을 아교로 붙이거나, 인삼 껍데기에 족두리풀 가루를 채워 넣고 가짜 인삼을 만들어 '진짜 인삼이다~' 하며 팔고 있지요. 부삼과 조삼이라고 불리는 짝퉁 인삼도 너무 많습니다. 얼마 전에는 쓰시마 번주가 조선 상인에게서 가짜 인삼을 사들여 에도 막부에 바쳤다가 외교 문제로 번진 적도 있었지요. 오죽하면 영조 임금님께서 가짜 인삼을 만드는 자는 위조화폐 제작과 동일한 법으로 처벌하겠다고 말씀하셨겠습니까?

그러나 저희는 다릅니다. 저희는 오직 진짜 인삼만을 판매하며, 인삼의 품질과 순도를 보장합니다! 저희는 다른 재료로 인삼을 만들어 내거나, 무게를 늘리기 위해 임의로 조작하는 그런 비양심적인 행위를 절대 하지 않습니다. 저희 '정직한 인삼'은 이름처럼 순수한 인삼만을 제공합니다. 여러분의 건강과 신뢰를 지키는 것이 저희의 최우선 과제입니다.

귀한 약재와 사치품을 원하신다면, 저희 정직한 인삼을 선택해 주세요.

여러분의 건강을 책임지겠습니다.

감사합니다.

어휘 통통

비위생적

1) '비'는 한자 '非'로, '아니다' 또는 '부정하다'라는 뜻을 가지고 있어요. 앞에 '비'가 붙은 단어는 그 단어의 본래 의미를 부정하거나 반대하는 의미가 되지요.
   - 비합리적: 합리적이지 않은 것
   - 비정상적: 정상적이지 않은 것
   - 비도덕적: 도덕적이지 않은 것
   - 비효율적: 효율적이지 않은 것
   - 비논리적: 논리적이지 않은 것

2) '부'는 한자 '不'로, '아니다' 또는 '부정하다'라는 뜻을 가지고 있어요. '부'가 붙는 단어도 그 단어의 본래 의미를 부정하거나 반대하는 의미가 돼요.
   - 부적절: 적절하지 않은 것
   - 부정확: 정확하지 않은 것
   - 부당: 당연하지 않은 것
   - 부주의: 주의하지 않는 것

1. 다음 빈칸에 '비' 또는 '부'를 넣어 문장을 완성해 봅시다.
   - 길을 건널 때 핸드폰을 보는 것은 (   ) 주의한 행동이다.
   - 그의 (   )합리적인 말에 모두가 놀랐다.
   - 할머니의 발음이 (   )정확해서 심부름 시키신 것을 몰랐다.
   - 너의 주장은 (   )논리적이야.
   - 그는 (   )도덕적인 일을 하지 않는다.

30-3 생각 쑥쑥! 배경 지식을 넓혀라

세상을 바꾼 음식들

특정 음식이나 식재료는 세계사의 흐름을 바꿀 정도로 큰 역할을 했어요. 어떤 먹거리들이 역사와 깊은 연관이 있는지 알아볼까요?

1. 인삼

인삼 하면 '고려인삼'이 유명한데 고려인삼은 천만금을 줘도 구하지 못할 정도로 귀했다고 해요. 특히 일본에서는 고려인삼이 만병통치약으로 취급되었어요. 인삼을 먹고 병을 고치긴 했지만 인삼 값을 갚지 못해 목숨을 끊었다는 말이 나올 정도였지요. 일본에 왔던 유럽인들이 유럽에 고려인삼을 전파하면서 유럽에서도 고려인삼은 인기가 많았어요.

그런데 임진왜란과 경신 대기근 등을 거치면서 국토가 황폐화되어 인삼 재배를 못 하게 되면서 인삼 가격이 천정부지로 치솟았어요. 이로 인해 조선 후기로 접어들면서 고려인삼을 외국과 거래하여 거상이 되는 경우가 발생했어요. 대표적인 상인이 임상옥이에요. 일제 강점기에는 일본이 인삼을 전매(전매제도: 국가에서 판매하게 하는 것)하면서 막대한 이익을 얻기도 했어요.

2. 후추

후추는 유럽의 역사를 완전히 바꾼 향신료예요. 옛날에 유럽에서는 고기를 오래 보관하기 위해 소금을 잔뜩 넣어 소시지나 햄을 만들었어요. 그런데 인도에서 온 후추가 고기의 누린내도 없애 주면서 고기가 쉽게 상하는 것을 막아 줬어요.

후추를 접한 유럽인들은 열광했고, 후추 가격이 원산지에 비해 100배 비싸게 팔렸어요. 이러다 보니 일반인들은 후추를 구경할 수 없었고, 왕실과 귀족들의 전유물이 되었지요.

대항해 시대를 연 후추

15세기가 되자 오스만 투르크 제국이 후추 무역의 중심지였던 지중해를 점령했고, 후추 무역이 중단되었어요. 하지만 후추에 대한 수요는 줄지 않아 '검은 황금'이라고 불릴 정도로 값이 올랐어요. 후추 한 줌의 가격이 1년 치 임금과 맞먹었어요.

결국 유럽 사람들은 인도로 가는 바닷길을 찾기로 했어요. 이렇게 대항해 시대가 시작된 거예요. 포르투갈이 인도로 가는 뱃길을 열어 후추를 가져오게 되었고, 스페인의 지원을 받은 콜럼버스는 아메리카 대륙을 발견했어요.

3. 소금

영국이 인도를 식민지로 지배하던 시절, 영국은 1882년부터 인도에 불공정하고도 엄격한 간염법과 과세 정책을 시행했어요. 인도에서 채취한 소금을 영국으로 운송해 가공을 마치고, 이를 다시 인도에 엄청난 세금을 매겨 되팔았던 거지요. 소금령에 의하면 인도인은 천일염에 손을 대는 것만으로도 체포되었기 때문에, 인도인들은 억지로 비싼 소금을 쓸 수밖에 없었지요. 이에 간디는 소금 행진을 통해 불공정한 과세 정책에 비폭력적으로 저항했어요.

비폭력운동의 시발점이 된 소금

처음 소금 행진에 참가했던 인원은 78명이었으나 일정이 거듭될수록 자발적인 참가자들이 늘어나 행진의 길이가 3km에 이르렀어요. 이후 인도 전역으로 행진의 정신이 퍼져 나가면서 불법으로 소금을 채취하거나 구매하는 사람들이 폭발적으로 늘어 갔어요. 간디와 6만 명의 사람들이 영국 경찰에 체포당했지만 그들은 두려워하지 않았어요.

■ 역사적 이야기가 담긴 또 다른 먹을거리에는 무엇이 있을까요? 이에 관련해 조사한 내용을 정리해 보세요.

31-1 신기한 뉴스 키워드: 동물원, 거점동물원, 동물 복지

청주동물원, 국내 첫 거점동물원으로 지정

청주동물원이 국내 첫 거점동물원으로 지정되었어요. 지난해 갈비뼈가 드러날 정도로 앙상하게 말랐던 '갈비 사자' 바람이를 기억하는 사람들에게는 더욱 반가운 소식인데요. 청주동물원은 토종동물 보존과 야생동물 구조 등의 중요한 역할을 맡게 되었어요.

'거점동물원'은 동물 복지와 보존을 위한 다양한 활동을 주도하며 다른 동물원에 모범이 되는 곳이에요. 단순히 동물을 전시하는 것을 넘어서, 동물들의 건강과 안전을 최우선으로 고려하며, 생태계 보존과 종 보전을 위한 연구와 교육 활동을 활발히 진행하지요.

거점동물원으로서 청주동물원은 동물원 역량 강화를 위한 교육과 홍보, 생물 다양성 보전 교육, 동물 질병 및 안전관리 지원, 야생에서 살 수 없는 동물 보호소 역할, 야생동물 보전·연구 및 서식지 보호 활동, 종 보전 및 증식 과정 운영 등의 역할을 수행하게 돼요. 또한 동물들에게 쾌적한 환경을 제공하고, 구조된 동물들에게 새로운 삶을 제공함으로써 동물 복지의 중요성을 강조하고 있어요.

청주동물원의 이러한 변화는 가족 단위 관람객뿐만 아니라 성인 관람객의 증가로 이어지고 있어요. 동물 복지를 앞세운 동물원이라는 인식이 퍼지면서 많은 사람들이 청주동물원을 찾고 있지요. 이는 동물원에 대한 인식이 '전시'에서 '보호'와 '복지'로 바뀌고 있다는 것을 보여 줍니다.

청주동물원은 앞으로도 동물 복지를 최우선으로 하여, 동물들이 보다 나은 환경에서 생활할 수 있도록 노력할 거예요. 이러한 행보는 국내 다른 동물원들에게도 긍정적인 영향을 미칠 것으로 기대되고 있어요.

개념 어휘
1. 거점: 어떤 활동의 중심이 되는 중요한 지점.
2. 행보: 어떤 목표를 향하여 나아감.

정리해 볼까요?

1. 거점동물원이 되면서 청주동물원이 맡게 된 역할은 무엇인가요?

2. 청주동물원은 단순히 동물을 전시하는 것을 넘어서 무엇을 최우선으로 고려하고 있나요?

3. 청주동물원에서 거점동물원으로서 수행하는 역할들은 무엇인가요?

4. 문단별 내용 정리
    1문단 : 국내 첫 거점동물원으로 지정된 청주동물원
    2문단 :
    3문단 :
    4문단 :
    5문단 :

생각해 볼까요?

5. 인간과 동물의 공존을 위해 어떤 노력이 필요할까요? 여러분의 생각을 적어 보세요.

우리의 첫 동물원, 창경원 동물원에 가다

반달곰: 안녕하세요, 여러분! 저는 창경원 동물원에 살았던 반달곰이에요. 창경원 동물원에 대해 궁금한 게 있다면 질문해 주세요.

학생 1: 와, 기대되는데요! 창경원 동물원은 언제 개장했나요?

반달곰: 1909년 11월 1일, 우리 동물원이 처음 문을 열었어요. 그때 입장료는 어른 10전, 어린이 5전이었답니다. 사실 창경원은 슬픈 역사적 장소예요. 일제 강점기 때 일제가 창경궁을 창경원으로 격하시켜 만든 곳이거든요.

학생 2: 원래 궁궐이었던 거예요?

반달곰: 맞아요. 궁궐을 동물원으로 만들겠다는 아이디어는 이토 히로부미가 냈는데, 그는 개원식 닷새 전에 안중근 의사에게 암살당했어요.

학생 1: 아, 그랬군요.

학생 2: 처음에는 어떤 동물들이 있었나요?

반달곰: 개원 첫해에는 저와 같은 반달곰 2마리, 호랑이 1마리, 집토끼 18마리 등 총 72종 361마리의 동물이 있었어요.

학생 1: 사람들이 많이 왔겠네요?

창경원 동물원 사진 엽서

반달곰: 그럼요! 하루에 2만~3만 명의 사람들이 우리를 보러 왔답니다. 이후에 일본 교토 동물원에서 사자 새끼 한 쌍이 들어왔고, 1912년에는 독일에서 코끼리가 수입되었어요. 또 하마 부부는 25년 동안 12마리의 새끼를 낳아 '하마 동물원'이라는 명성을 얻었죠.

학생 2: 재미있는 일이 많았네요.

반달곰: 하지만 2차 세계대전이 터지자 식량 부족으로 많은 동물이 굶어 죽었어요. 1945년 7월 25일에는 미군이 창경원을 폭격하면 맹수들이 우리에서 뛰쳐나올 수 있으니 미리 죽여 없애라는 명령이 내려왔죠. 6·25 전쟁 때도 큰 고통을 겪었어요. 많은 동물이 굶거나 얼어 죽었고, 식량이 부족한 사람들이 잡아먹기도 했어요.

학생 1: 정말 슬픈 일을 많이 겪었네요.

어휘 통통

보전 vs 보존

1) 보전(保全)
'잘 보호하여 온전하게 유지한다'는 뜻으로 주로 사물이나 상태를 보호하고 유지하는 의미로 사용돼요.
- 자연 환경을 보전하기 위해 우리는 노력해야 합니다.
- 역사적 유물을 보전하는 것은 우리의 의무입니다.

2) 보존(保存)
'잘 간수하여 남긴다'는 뜻으로 시간의 흐름 속에서도 원래 상태를 유지하는 데 중점을 두어요.
- 이 고서들은 특별한 방법으로 보존되고 있습니다.
- 음식의 신선도를 보존하기 위해 냉장 보관이 필요합니다.

---

1. 다음 문장에 '보전' 또는 '보존'을 넣어 문장을 완성해 봅시다.
   - 이 박물관은 귀중한 문화재를 (   )하기 위해 엄격한 관리를 하고 있다.
   - 산림 (   )을 위해 벌목을 제한하고 나무를 심는 캠페인이 진행 중이다.
   - 생태계 (   )을 위해 다양한 환경 보호 활동이 필요하다.
   - 이 도서관은 오래된 고서들을 (   )하기 위해 특별한 보관 방법을 사용하고 있다.
   - 문화유산의 (   )은 우리의 역사와 문화를 후손에게 전하는 중요한 일이다.

31-3 생각 쑥쑥! 배경 지식을 넓혀라

동물원은 언제 어떻게 시작됐을까?

동물원은 많은 사람들에게 배움과 추억의 장소이지요. 하지만 역사를 살펴보면 동물 학대의 현장으로 기록되기도 해요. 그러면 동물원은 언제, 어떻게 시작됐을까요?

동물원은 인류 문명이 시작했을 때부터 있었던 것으로 추정돼요. 2009년 이집트에서 고대 도시 히에라콘폴리스 유적이 발견됐어요. 이곳은 기원전 3500년쯤 고대 이집트의 수도였는데 이 유적에서 하마, 코끼리, 개코원숭이, 고양이 등 112개의 동물 뼈가 대규모로 발굴되었어요. 학자들은 서식지가 다양한 동물들의 뼈가 한데 모인 채 발굴됐다는 점으로 볼 때 이 지역에 동물원이 있었다고 짐작하고 있어요. 또 이집트 귀족들의 무덤이 있었던 곳이므로 이 동물원은 지배계층 권력을 상징한다고 보았지요.

기원전 300년쯤 '정복자' 마케도니아의 알렉산더 대왕은 가는 곳마다 진귀한 동물을 잡아 스승인 아리스토텔레스에게 보내주었어요. 아리스토텔레스는 이 동물들을 모아 두고 행동이나 소리 등에 대해서 연구했다고 해요.

고대 로마 제국에도 동물원이 있었어요. 이곳에 있는 동물 대부분은 검투사의 전투 경기가 벌어진 원형 경기장인 콜로세움에서 활용됐어요. 콜로세움에서 검투사와 동물, 그리고 동물끼리 싸움도 했었다고 해요. 네로 황제는 호랑이와 코끼리가 싸우는 모습을 시민들에게 선보였고, 폼페이 제독은 기원전 55년쯤 사자 600마리와 코끼리 18마리가 한꺼번에 싸우는 쇼를 벌이기까지 했지요.

현존하는 동물원 중 세계에서 가장 오래된 동물원은 오스트리아의 수도 빈에 있는, 1752년에 세워진 쉔브룬 궁전 동물원이에요. 쉔브룬 궁전은 당시 오스트리아를 통치한 합스부르크 왕가의 여제 마리아 테레지아의 여름 별장으로 지어진 궁전이었어요. 마리아 테레지아 황녀의 남편인 로트링겐 공 프란츠 슈테판은 아프리카를 여행하며 수집한 동식물을 쉔브룬 궁전 작은 우리에 모아두어 왕실 전용 동물원을 만들었는데, 1765년 일반인에게도 개방하면서 근대 동물원의 시초가 되었어요.

마리아 테레지아의 아들인 요제프 2세는 동물원에 들여놓을 동물을 데리고 올 탐험대를 아메리카와 아프리카 대륙으로 보냈는데, 키가 너무 큰 기린은 당시에 데려올 수 없었다고 해요. 1828년에 간신히 기린을 쇤브룬 궁전에 데려왔는데, 이때 기린을 처음 보고 감명받은 사람들 때문에 한동안 빈에는 코트·가방·치마 등을 기린 무늬로 만드는 것이 유행했다고 해요.

쇤브룬 동물원

우리나라에는 언제 동물원이 생겼을까요? 일제 강점기에 일본은 창경궁에 박물관, 식물원, 동물원을 만들기 시작했어요. 이곳에 전국에 있는 동물과 일본에서 들여온 코끼리, 호랑이, 사자, 낙타, 원숭이 등을 모아 놓았는데, 그 수가 70여 종 500여 마리에 달했다고 해요. 순종이 1909년 이 동물원을 온 백성에게 공개하면서 창경궁 동물원은 서울의 명물로 사랑받았어요.

1945년 일제가 제2차 세계대전에서 패색이 짙어지자 동물 대부분을 죽였고, 남아 있던 동물마저 대부분 6·25전쟁 때 사라져 동물원은 텅 비게 되었죠. 이후 창경궁은 원래대로 궁궐로 복원했고 서울대공원을 건설하면서 동물원을 그곳으로 옮겼답니다.

■ 동물원은 어떤 역할을 해야 한다고 생각하나요?

32-1 신기한 뉴스 키워드: 법, 법 개정, 촉법소년

촉법소년의 범죄 증가와 관련 법 개정

　최근 여중생들이 주차된 차량에 무단으로 올라타 담배를 피우고 운전까지 하다 경찰에 붙잡히는 사건이 발생했어요. 특히 운전대를 잡은 학생이 형사 처분을 받지 않는 만 14세 미만의 촉법소년으로 밝혀지면서, 촉법소년 나이를 낮추고 처벌을 강화해야 한다는 목소리가 커지고 있지요.

　촉법소년 범죄는 계속해서 증가하고 있어요. 지난 5월 경기 부천에서는 10대들이 편의점에서 전자담배를 훔치다 적발되었고, 인천의 한 아파트 주차장에서는 수십 대의 차량에 소화기 분말을 뿌린 사건도 있었어요. 이러한 사례들은 촉법소년 연령을 낮추고 처벌을 강화해야 한다는 주장을 뒷받침하고 있습니다.

　2022년 법무부는 촉법소년 나이 기준을 만 14세에서 13세로 낮추는 소년법 개정안을 입법 예고했지만, 국회를 통과하지 못했어요. 전문가들은 촉법소년 범죄가 점점 심각해지고 상습화되는 추세를 볼 때, 형사 미성년자 연령을 1세 또는 2세 정도 낮춰야 한다고 주장해요.

　실제로 지난해 경찰에 붙잡힌 10세 이상 14세 미만의 촉법소년 수는 1년 전보다 20% 가까이 증가했어요. 경찰청 청소년보호활동 플랫폼 '유스폴넷'에 따르면, 지난해 촉법소년 검거 인원은 1만 9,654명으로 집계되었으며, 이는 전년 대비 19.6% 증가한 수치예요.

　특히 학교 폭력으로 검거된 10대도 10년 만에 가장 많은 인원을 기록했어요. 초등학생 가해자의 비중도 늘어나고 있어, 가해자의 연령대가 점차 낮아지고 있지요. 이러한 상황에서 촉법소년 관련 법안을 개정하고 처벌을 강화하는 것이 시급하다는 전문가들의 지적이 계속되고 있어요.

개념 어휘
1. 촉법소년: 법을 어기는 행동을 한 만 10세 이상 만 14세 미만의 소년.
2. 상습화: 늘 하는 버릇처럼 반복함.

정리해 볼까요?

1. 이 기사는 무엇에 대한 설명인가요?

2. 촉법소년 나이를 낮추고 처벌을 강화해야 한다는 목소리가 커지는 이유는 무엇인가요?

3. 다음 빈칸을 채워 보세요.
   ① 촉법소년이란 형법에 저촉되는 행위를 한 만 (   )세 이상 만 (   )세 미만의 소년을 말해요.
   ② 전문가들은 촉법소년 연령을 (   )세 또는 (   )세 낮추어야 한다고 주장합니다.

4. 문단별 내용 정리
   1문단 : 촉법소년 범죄 사건 발생
   2문단 :
   3문단 :
   4문단 :
   5문단 :

생각해 볼까요?

5. 촉법소년 나이를 낮추고 처벌을 강화해야 한다는 의견에 대해 어떻게 생각하나요?

32-2 우당탕 교과서 관련 단원: 5-1 인권 존중과 정의로운 사회

경국대전의 6전을 소개합니다

사회자: 안녕하세요, 얼마 전 조선 왕조의 통치와 법률 체계를 확립한 법전인 경국대전이 탄생했습니다. '나라를 다스리는 큰 법전'이라는 뜻을 가진 경국대전은 총 6전으로 구성되어 있는데, 각 전을 모시고 자기소개를 들어보겠습니다.

이전: 안녕하세요, 저는 이전(吏典)입니다. 중앙 및 지방 관리들의 조직과 임명에 관한 법률을 다루고 있지요. 저를 보면 관리들이 어떻게 임명되고 해임되는지, 각자의 직무가 어떻게 배분되는지를 알 수 있어요.

호전: 저는 호전(戶典)입니다. 나라의 세금과 재정을 관리하며, 토지 소유와 관련된 법률을 다루고 있어요. 예를 들어, '재해를 입은 농민들은 조세를 면제해 준다'와 같은 규정들이 있지요.

예전: 반갑습니다, 저는 예전(禮典)입니다. 과거시험, 외교, 혼례, 제사 등 의례와 예절과 관련된 법률을 다룹니다. 과거시험을 몇 년에 한 번씩 치르는지 아십니까? 정답은 바로 3년. 이런 규정들을 적어 놓고 있지요.

병전: 저는 병전(兵典)입니다. 군사 제도와 관련된 법률을 다루지요. 군사 훈련은 언제 하는지, 무과 시험은 어떻게 보는지 등을 알 수 있습니다.

형전: 안녕하세요, 저는 형전(刑典)입니다. 형벌과 재판, 노비에 관한 법률을 다룹니다. 문제 하나 낼게요. 부정부패를 저지른 관리의 자손들은 과거시험을 볼 수 있을까요?

사회자: 보지 못할 것 같아요.

형전: 맞습니다. 그런 조항들도 다 포함하고 있는 것이 저 형전입니다.

공전: 제가 마지막이네요. 저는 공전(工典)입니다. 도로, 교통, 건축 등 토목과 건설에 관한 법률을 다룹니다. 대표적으로 도량형의 표준을 정하는 규정이 있지요.

사회자: 모두가 나라를 운영하는 데 꼭 필요한 부분이네요. 왜 세조 때 편찬이 시작되어 성종 대에 완성될 정도로 시간이 걸렸는지 알겠습니다. 이렇게 체계를 갖추었으니, 조선 왕조가 더욱 번영할 것 같네요!

어휘 통통

제정, 개정

1) 제정(制定)
制(절제할 제), 定(정할 정)으로 새로운 법률이나 규칙 등을 만들어서 정하는 것을 의미해요.
 - 새 정부는 환경 보호를 위한 새로운 법률을 제정하였습니다.

2) 개정(改定)
'改(고칠 개), 定(정할 정)'으로 기존의 법률이나 규칙 등을 고치거나 수정하는 것을 의미해요.
 - 국회는 국민의 요구를 반영하여 기존 법안을 개정하였습니다.

즉, '제정'은 새로운 법이나 규칙을 처음으로 만드는 것을 의미하고, '개정'은 이미 존재하는 법이나 규칙을 고치는 것을 의미합니다.

1. 다음 문장에 '제정' 또는 '개정'을 넣어 문장을 완성해 봅시다.
   - 정부는 청소년 보호를 위해 새로운 법률을 (   )하였다.
   - 회사는 업무 효율성을 높이기 위해 새로운 규정을 (   )했다.
   - 학교는 교육 과정의 변화를 반영하여 교과서를 (   )했다.
   - 학교는 학생들의 요구를 반영하여 교칙을 (   )했다.
   - 회사는 고객의 피드백을 반영하여 서비스 약관을 (   )했다.

32-3 생각 쑥쑥! 배경 지식을 넓혀라

법대로 합시다! 세계의 법전들

법은 동서양을 가리지 않고 사람들이 공동체를 이루며 사는 곳이라면 어디든 존재해요. 사회가 조화를 이루는 데 법의 역할이 중요하기 때문이지요. 그럼 역사 속 대표적인 법과 법전에 대해 알아볼까요?

1. 함무라비 법전

'눈에는 눈, 이에는 이'라는 말 들어본 적 있나요? 이 말은 함무라비 법전에서 유래된 말인데요. 함무라비 법전은 기원전 1750년경 고대 바빌로니아의 함무라비 왕이 만들었답니다. 함무라비 왕은 약 2m 정도 되는 높이의 돌기둥에 글자를 새겨 놓고 백성들이 볼 수 있게끔 했다고 해요. 함무라비 법전은 세계에서 가장 오래된 문자로 표시된 법으로 손꼽히고 있어요.

2. 로마의 12표법

기원전 450년경 로마는 12개의 동판에 법 구절을 새겨 광장에 걸어 놓았어요. 이를 '12표법'이라고 해요. 그전까지 로마는 습관이나 관행이 법으로 굳어진 '관습법'이 적용되고 있었어요. 그렇다 보니 권력을 가진 귀족이 자기에게 유리한 방향으로 법을 이용할 때가 많았지요. 평민들은 이에 불만을 품고 목소리를 내기 시작했고 12표법이 만들어진 거예요. 법 앞에 모든 시민이 평등하다는 원칙을 가지고 있지요. 12표법은 평민을 보호하는 방향이었다는 점에서 역사적 의미가 커요.

3. 영국의 마그나 카르타 대헌장

1215년 당시 영국의 존 왕이 폭정을 일삼고 무기력하게 프랑스에 패배하자, 귀족들이 왕과 대립해 일종의 '각서'를 쓰게 했어요. 이 각서의 이름이 '큰'이라는 의미의 라틴어 '마그나(Magna)'와 '서류, 헌장'이라는 의미의 '카르타(Carta)'를

존 왕이 마그나 카르타를 쓰는 모습을 담은 그림

합친 '마그나 카르타'예요. 우리말로 '대헌장'이라고 해요.

마그나 카르타 안에는 국민의 자유와 권리를 지키기 위해 왕의 마음대로 사람을 데리고 가거나 세금을 거두지 못한다는 내용이 포함되어 있어요. 이 사건은 왕의 절대 권력과 횡포에 대한 제어를 문서로 보장한 첫 사건으로 평가받아요.

4. 프랑스의 나폴레옹 법전

나폴레옹은 나라의 기강이 바로 서려면 법전이 완벽해야 한다고 확신하고 법을 정비했어요. 권력자나 성직자 마음대로가 아니라 법대로 판결한다는 의미에서 자신의 법전에 '시민 법전'이라는 이름을 붙였지요. 이 법전은 1804년부터 시행했고, 나폴레옹의 실각 이후에도 그대로 이어졌어요. 나폴레옹 법전은 개인의 자유와 권리, 재산, 평등을 보장하고 있기 때문에, 오늘날 전 세계 시민법의 기초가 되었어요.

5. 고조선의 8조법

우리나라 최초의 법은 바로 고조선의 '8조법'이에요. 고조선의 사회 질서를 지키기 위해 제정한 법인데 현재는 8개 조항 중 3개 조항만 전해지고 있어요. 생명을 중시하고, 사유재산이 존재하고, 화폐를 사용했던 당시의 고조선 사회의 특징이 고스란히 드러나 있어요.

■ 법의 역할은 무엇일까요?

33-1 신기한 뉴스 키워드: 선거, 민주주의, 가짜 뉴스, 딥페이크

2024년 '슈퍼 선거'와 딥페이크

2024년은 1월 13일 대만의 총통 선거를 시작으로, 3월 러시아 대선, 4~5월 한국·인도·영국의 총선, 11월 미국 대선 등 전 세계 47개국에서 선거가 치러지는 해 '슈퍼 선거'의 해입니다. 이러한 선거들은 세계 정치 무대에 중대한 영향을 미칠 것으로 보여요. 특히 글로벌 경제는 그 어느 때보다 정치적 변수의 영향을 크게 받을 것으로 예상되지요.

이러한 중요한 정치적 이벤트를 앞두고 생성형 인공지능(AI)을 악용한 가짜 뉴스가 큰 문제로 대두되고 있어요. 특히 가짜 영상과 음성을 단 몇 초 만에 만들어 내는 딥페이크 기술이 정교해지면서, 선거를 앞두고 여론을 선동하고 조작하는 허위 정보가 급속히 확산될 위험이 커지고 있어요.

미 언론들은 2024년 대선이 딥페이크가 본격 동원되는 사상 최초의 선거가 될 것으로 전망하고 있어요. AP통신에 따르면, 이를 제어할 안전 장치는 전보다 약해졌고, 정부 차원의 규제가 아직 미진해 가짜 뉴스의 확산이 선거판을 뒤흔들 위험이 더 커졌다고 경고하고 있어요.

이미 딥페이크는 전 세계에서 선거와 정치를 뒤흔들고 있어요. 슬로바키아에서는 가짜 음성 파일이 선거 전날 유포되어 선거 결과에 큰 영향을 미쳤다는 사례가 있었으며, 대만에서는 동영상 플랫폼 틱톡을 통해 독립 성향 후보를 겨냥한 가짜 정보가 활발히 유포되었어요.

가짜 뉴스의 확산으로 인한 왜곡된 정보는 정치적 불안과 민주주의의 위협으로 이어질 수 있는 만큼, 딥페이크에 대한 효과적인 대응과 국제적인 협력이 시급하게 필요한 상황이에요.

개념 어휘
1. 대두되다: 어떤 세력이나 현상이 새롭게 나타나다.
2. 선동하다: 남을 부추겨 어떤 행동을 하게 하다.
3. 유포하다: 세상에 널리 퍼뜨리다.

정리해 볼까요?

1. 2024년을 '슈퍼 선거의 해'라고 부른 이유가 무엇인가요?

2. 미 언론들이 2024년 대선을 딥페이크가 본격 동원되는 사상 최초의 선거로 전망한 이유는 무엇인가요?

3. 기사에 소개된 내용 중, 딥페이크가 정치와 선거에 영향을 미친 사례를 찾아 적어 보세요.

4. 문단별 내용 정리

    1문단 : 2024년 슈퍼 선거의 해와 그 중요성
    2문단 :
    3문단 :
    4문단 :
    5문단 :

생각해 볼까요?

5. 생성형 AI 기술에 대한 규제가 제대로 만들어지지 못할 경우, 앞으로 선거를 할 때 어떤 문제들이 발생하게 될까요?

1960년 4월 19일, 마산 시위 현장에서

기자: 안녕하세요, 이번 시위에 참여하고 계신 학생이시죠? 자기소개 부탁드립니다.

학생: 안녕하세요, 저는 서울대학교 정치학과에 재학 중인 김○○입니다.

기자: 이렇게 시위에 나오게 된 이유는 무엇인가요?

학생: 이승만 정권의 부정 선거와 독재에 분노해서입니다. 지난 3월 15일 대통령 선거는 정말로 부정과 폭력으로 얼룩졌어요.

기자: 그렇군요. 특히 마산에서 시작된 시위가 큰 영향을 미쳤다고 들었습니다.

학생: 맞습니다. 4월 11일, 마산시 중앙부두에서 김주열 군의 시신이 발견되었어요. 최루탄이 박힌 채로요. 그가 3월 15일 시위에 참여하고 실종된 후 20일 만에 발견된 겁니다. 시민들의 분노가 폭발할 수밖에 없었죠.

기자: 그렇다면 이승만 정권의 부정 선거가 어떤 방식으로 이루어졌나요?

학생: 4할의 표를 미리 투표함에 넣어 두는 사전 투입이 있었어요. 또 3인조와 9인조씩 짝을 이뤄 공개 투표를 시키기도 했고요. 개표장에서 완장 부대를 동원해 공포 분위기를 조성하거나 야당 참관인을 매수하기도 했어요. 심지어 개표장을 정전시킨 뒤 투표함을 바꾸기까지 했습니다.

기자: 이번 시위로 인해 앞으로 어떤 변화가 일어날 거라고 보시나요?

학생: 이번 시위는 단순한 항의가 아닙니다. 우리는 민주주의를 회복하고자 하는 강한 의지를 가지고 있습니다. '정·부통령 선거, 다시 하라!'는 외침 속에 학생과 시민들이 분노의 시위에 나섰고, 이는 정권을 흔드는 강력한 힘이 될 것입니다.

기자: 마지막으로 하고 싶은 말씀이 있으신가요?

학생: 더 이상 국민을 무시하지 마세요! 우리는 진정한 민주주의를 원하며, 이를 위해 끝까지 싸울 것입니다. 모든 국민들이 부정과 독재에 맞서 함께 일어설 것을 호소합니다.

이승만 대통령 제4대 국회의원선거 논산 유세

어휘 통통

악용

  악용은 나쁠 악(惡), 이용할 용(用)으로 어떤 것을 나쁜 목적으로 사용하거나 이용하는 것을 의미해요. 악(惡)이 포함된 단어들에는 어떤 것들이 있을까요?
- **악행**(惡行): 나쁘고 해로운 행동이나 행위.
- **악덕**(惡德): 도덕적으로 나쁘고 비난받을 만한 성품이나 품성.
- **악당**(惡黨): 나쁜 짓을 하는 사람들의 무리나 집단.
- **악습**(惡習): 나쁘고 해로운 습관이나 관행.
- **악명**(惡名): 나쁜 소문이나 평판.

1. 앞의 신문 지문에 나온 여러 단어들 중 적절한 단어를 찾아 문장을 완성해 보세요.

    대두   변수   악용   선동   유포

- 가짜 뉴스를 이용해 대중을 (　　　)하는 행위는 엄중히 처벌받아야 한다.
- 악성 루머를 (　　　)하여 피해자의 명예를 훼손한 사람이 고발되었다.
- 코로나19 확산이라는 큰 (　　　)로 인해 사회 전반에 많은 변화가 일어났다.
- 최근 기업의 사회적 책임에 대한 관심이 (　　　)되고 있다.
- 범죄자들은 개인정보를 (　　　)하여 불법적인 행위를 저질렀다.

33-3 생각 쑥쑥! 배경 지식을 넓혀라

선거, 세상의 역사를 바꾸다

선거는 민주 사회와 밀접한 관련이 있어요. 세계 역사 속에도 다양한 특별한 선거와 투표가 있었어요. 함께 알아볼까요?

1. 미국 1860년 대통령 선거

미국 1860년 대통령 선거는 미국 역사상 가장 중요한 선거 중 하나예요. 바로 공화당 대통령 후보 에이브러햄 링컨이 당선되었기 때문이죠. 링컨이 대통령에 당선된 직후, 남부 주들이 미 연방을 탈퇴하고 남부연합 정부를 구성했어요. 공장이 많았던 북부는 노예 제도 폐지를 주장하고, 대농장이 많았던 남부는 노예 제도가 유지되기를 바랬는데, 의견 차이를 좁히지 못한 것이죠. 결국 남북 전쟁이 일어났고, 링컨은 '노예 해방'을 선언했어요. 마침내 북부가 승리하면서 노예제 폐지와 미국의 통합이라는 중대한 변화를 이끌어 냈어요.

2. 영국 1918년 총선

영국 1918년 총선은 제1차 세계대전 이후 처음으로 실시된 선거인데, 여성들에게 처음으로 투표권이 주어진 선거라 의미가 있어요. 여성운동 지도자 에멀린 팽크허스트는 1차 세계대전이 발발하자 영국의 참전을 지지하며 여성들의 협력을 적극 독려했고, 남성 의회는 그 공로를 인정해 여성의 참정권을 인정했어요. 그래서 30세 이상의 여성들이 처음으로 투표권을 행사할 수 있었고, 이로 인해 여성의 사회적 지위와 정치 참여가 크게 향상되었어요.

3. 독일 1932년 대통령 선거

독일 1932년 대통령 선거는 나치당의 히틀러가 대중적인 인기를 얻은 선거예요. 당시는 미국의 대공황이 독일에도 영향을 끼칠 때였는데, 나치당은 유대인들이 장악한 금융 회사들이 과도한 욕심을 부려서 독일 경제가 파탄에 이르렀다고 주장했어요. 선거에서 대통령으로 당선된 사람은 힌덴부르크였지만, 히틀러의 나치당은 강력한 정치 세력으로 부상했지요. 그 결과 히틀러는 독일의 정치 권력을 장악하게 되었어요.

4. 남아프리카공화국 1994년 총선

남아프리카공화국 1994년 총선은 아파르트헤이트 정책이 폐지된 후 처음으로 모든 인종이 참여한 선거였어요.

'아파르트헤이트'란 인종 간 분리 정책을 말해요. 영국 식민지 시절부터 존재했던 인종 차별을 제도화한 것이죠. 이 제도로 백인과 흑인 간 혼인이 금지되었고, 흑인은 주거지 이동과 직업 선택의 자유를 대폭 제한당해야 했어요. 전 세계가 이 제도를 크게 비판했고, 1974년 11월 유엔이 남아공의 회원 자격을 정지시켰죠. 미국을 포함한 여러 나라가 경제 제재를 취했지만 아파르트헤이트는 계속 유지되었어요. 이런 상황은 1989년 9월 마지막 백인 대통령 프레데리크 빌렘 데클레르크가 당선되면서 전환점을 맞았는데, 그는 아파르트헤이트를 포기하고 남아공이 국제 사회에서 고립된 상황을 벗어나는 정책을 추진했어요.

그리고 마침내 1994년 선거에서 넬슨 만델라가 대통령으로 당선되면서 남아공이 인종 차별 정책을 끝내고 민주주의로 나아가는 중요한 계기가 되었어요.

5. 영국 2016년 브렉시트 국민투표

영국은 2016년에 유럽연합(EU)에서 탈퇴할지 말지를 결정하는 투표를 진행했어요. 국민들은 EU 탈퇴를 선택했죠. 이는 영국과 EU 모두에 큰 정치적, 경제적 변화를 가져왔고, 세계 정치에도 큰 영향을 끼쳤어요.

■ 선거와 민주주의는 어떤 관계가 있을까요?

34-1 신기한 뉴스 키워드: 독도, 영유권, 고유 영토

일본 방위백서,
20년째 독도 영유권 주장 되풀이

일본 정부가 올해 발간한 『방위백서』에서 독도를 자국의 '고유 영토'라고 표현하며, 독도 영유권 억지 주장을 되풀이했어요. 책자에서 "일본 고유 영토인 북방 영토(쿠릴 4개 섬)와 다케시마(독도의 일본식 명칭) 영토 문제가 여전히 미해결 상태로 존재한다"고 적은 것이죠.

일본은 또한 지도에 독도를 일본 영해 안에 넣어 표시하고, 자위대 주요 부대 위치를 표시한 지도에도 독도를 다케시마로 표기했어요. 2005년 이후 20년째 『방위백서』에서 독도에 대한 억지 주장을 이어 가고 있는 상황이에요.

이에 대해 한국 국방부는 강력히 항의했어요. 국방부 국제정책관은 "독도가 역사적, 지리적, 국제법적으로 우리 고유의 영토임을 재확인하며, 독도 영유권을 훼손하려는 시도에 단호히 대응할 것"이라고 강조했어요. 또한 일본의 부당한 영유권 주장을 즉각적으로 시정할 것과 향후 이러한 행위를 중단할 것을 촉구했어요.

그런데 독도에 대한 일본의 설명은 작년과 동일했지만, 한국을 '파트너'라고 새롭게 지칭한 것은 한일 관계 개선의 움직임을 반영한 것으로 보여요. '각국과 방위 협력·교류 추진' 섹션에서, 한국에 대해 "국제 사회에서 여러 과제에 협력해야 할 중요한 이웃 나라"라고 표현했고, 한국 관련 분량도 지난 해보다 늘렸지요.

한국 정부는 독도에 대한 확고한 입장을 유지하고 있어요. 일본의 『방위백서』와 관련된 부당한 주장에 대해서는 강력히 항의하고, 국제 사회에서 독도에 대한 우리의 영유권을 명확히 하는 노력을 지속할 예정이에요.

개념 어휘
1. 영유권: 일정한 영토에 대한 해당 국가의 관할권.
2. 시정하다: 잘못된 것을 바로잡다.
3. 촉구하다: 급하게 재촉하여 요구하다.

정리해 볼까요?

1. 이 기사는 무엇에 대해 이야기하고 있나요?

2. 일본은 독도와 관련해서 어떤 행동들을 했나요?

3. 한국 정부는 일본의 독도 영유권 주장에 대해 어떻게 대응하고 있나요?

4. 문단별 내용 정리
   1문단: 독도를 자국 영토라고 주장하는 일본
   2문단:
   3문단:
   4문단:
   5문단:

생각해 볼까요?

5. 일본의 반복적인 독도 영유권 주장에 대해 우리 정부는 어떤 장기적인 대응 전략을 세울 수 있을까요?

안용복, 울릉도와 독도를 지키다

존경하는 국민 여러분, 제 이름은 안용복입니다.

저는 오늘 여러분께 제가 한 일이 잘못된 것인지 아닌지 의견을 묻고자 이 자리에 섰습니다. 저는 울릉도와 독도가 조선의 땅임을 인정받기 위해 지금까지 헌신해 왔습니다. 그러나 그 과정에서 많은 어려움을 겪었고, 지금도 제가 한 일이 옳았는지 고민하고 있습니다.

1693년 봄, 저는 울릉도에 고기잡이를 하러 갔다가 일본 어부들이 조선의 바다에서 불법으로 고기잡이를 하는 것을 발견했습니다. 저는 일본 어부들에게 이곳이 조선의 바다임을 알리고 물러나라고 요구했으나, 오히려 그들에게 사로잡혀 일본으로 끌려갔지요. 일본 막부에 도착한 저는 울릉도와 독도가 조선의 영토임을 주장하며 항의하였고, 결국 막부로부터 울릉도와 독도가 일본 땅이 아님을 확인받는 문서를 받아냈습니다.

1696년, 저는 다시 울릉도에 가서 일본 어부들이 불법으로 고기잡이를 하는 것을 발견했습니다. 이번에는 독도까지 쫓아가 항의했습니다. 그 후 저는 일본 돗토리현으로 가서 수령에게 울릉도와 독도가 조선의 영토임을 다시 한번 확인받고 돌아왔지요. 그러나 조선으로 돌아온 저는 죄인이 되었습니다. 조정 대신들은 제가 조정의 허락 없이 일본에 다녀왔다는 이유로 저를 처벌하려 했습니다. 다행히 원로 대신들의 건의로 사형 대신 귀양을 가는 것으로 사건이 마무리되었지만, 저는 여전히 혼란스럽습니다.

안용복 동상

저는 여러분께 묻고 싶습니다. 제가 한 일이 잘못된 것인가요? 저는 조선의 영토를 지키기 위해 헌신했을 뿐입니다.

여러분의 의견을 듣고 싶습니다. 제가 한 일이 잘못된 것인지, 아니면 정당한 일이었는지 국민 여러분의 판단을 부탁드립니다.

감사합니다.

1696년 8월, 안용복 드림

어휘 통통

영유권

영유권(領有權)은 특정 영토나 물건에 대한 소유권을 의미해요. 국가 간에도 영토나 자원에 대한 영유권 분쟁이 발생하는데, 이는 해당 지역의 자원 확보와 국가 안보 등 중요한 이해관계가 걸려 있기 때문이에요.

영유권을 주장하려면 무엇이 필요할까요?
1) **실효적 지배:** 실제로 해당 영토를 지배하고 관리하는 것을 의미해요.
2) **역사적 근거:** 국가들은 과거부터 해당 영토를 지배해 왔다는 역사적 근거를 들어 영유권을 주장하기도 해요.
3) **국제법적 근거:** 국제법에 의해 영유권이 인정되는 경우도 있어요. 예를 들어 유엔해양법협약 등에 명시된 기준에 따라 영토 및 해양 영유권이 결정되기도 해요.

---

1. 앞의 신문 지문에 나온 여러 단어들 중 적절한 단어를 찾아 문장을 완성해 보세요.

시정   영유권   부당   촉구

- 국제사회는 해당 국가에 인권 보호 조치를 취할 것을 (   )하고 있다.
- 정부는 최근 발생한 불공정 행위를 (   )하겠다고 밝혔다.
- 두 국가 간 (   ) 분쟁으로 인해 긴장이 고조되고 있다.
- 해당 기업의 (   ) 해고 조치에 대해 노동조합이 강력히 반발하고 있다.

34-3 생각 쑥쑥! 배경 지식을 넓혀라

우리나라 옛 문헌 속 독도의 기록

독도는 우리나라 동쪽 끝에 있는 우리나라 섬이에요. 일본은 20년째 독도를 자기네 땅이라 말하고 있는데, 우리 역사에 독도가 어떻게 기록되어 있는지 살펴볼까요? 독도는 우산도, 가지도, 삼봉도, 석도 등의 이름으로 불리며 다양한 우리나라 사료에 기록돼 있어요.

우리나라 동쪽 끝에 위치한 독도

1. 신라: 삼국사기

문헌에서 독도가 처음 등장하는 책은 『삼국사기』로 지증왕 13년 6월 기록에 울릉도와 독도가 기록되어 있어요. 이 기록에 따르면 울릉도와 독도는 당시 '우산국'이라는 이름을 가진 독자적인 소국으로 존재하다가 신라에 편입되었지요. "512년, 이사부가 우산국을 정복, 신라에 귀순시켰다"라는 기록이 나와요.

2. 고려 시대 기록들

고려 시대에는 "1157년, 의종의 명을 받은 김유립이 울릉도를 현지 답사하고 돌아왔다" 등의 기록을 『고려사』에서 찾을 수 있어요. 독도 자체에 관한 언급은 발견하기 힘들어요. 다만 지리적 인접성으로 보아 독도가 울릉도와 함께 고려의 영토로 인식되었음은 확실해 보이지요.

3. 조선: 세종실록 지리지

1432년 편찬된 이 책에는 "우산도(독도)와 무릉도(울릉도)라는 두 섬이 날씨가 청명하면 서로 바라볼 수 있다"며, 독도가 우리 영토임을 분명히 하고 있어요. 그리고 그에 앞서 1417년 태종은 울릉도가 죄인들의 도피처로 활용되고 있음을 알고, 울릉도와 독도에 주민 거주를 금하는 정책을 실시했어요.

4. 일본의 기록들

한국의 지리지뿐 아니라 일본의 지리지에서도 울릉도와 독도는 조선의 영토로 표시되어 있어요. 임진왜란 당시 조선 침략을 목적으로 제작된 일본의 『조선국리지리도』에는 울릉도와 독도를 우리식 표기를 사용해 조선의 영토로 기록하고 있고, 일본이 러시아 지도를 참고해 만든 『조선동해안도』, 『태정관 지령』 등에서도 독도가 조선의 영토라고 표기돼 있어요.

5. 독도 영유권 분쟁 이야기

한·일간 독도의 영유권 분쟁이 시작된 것은 17세기 말이에요. 1693년 울릉도 근해에서 고기잡이하던 어부 안용복은 일본 어부들에게 납치되어 일본으로 끌려갔어요. 그러나 안용복은 '울릉도가 조선 땅'임을 당당히 밝히며 일본 막부로부터 울릉도를 침범하지 않겠다는 문서를 받아냈어요.

메이지 정부 시절 조선의 사정을 조사한 『조선국교제시말 내탐서』에는 안용복이 일본에 방문한 결과로 독도가 조선의 땅이 됐다고 기술되어 있지요. 일본 메이지정부는 1876년 "조선~일본 양국간 관련 왕복 문건들을 검토한 결과, 독도는 일본과는 아무런 관련이 없는 조선 영토"라는 결론을 내렸고, 이 견해는 이듬해 일본 내각의 공식 문건으로 재확인되었어요.

하지만 역사 기록이 울릉도와 독도의 영토권을 명시하고 있음에도 일본은 두 섬을 드나들며 약탈했어요. 이에 조선은 1900년 10월 울릉도와 죽도, 독도 등 주변의 도서들을 모수 울도군으로 승격하고 강원도로 편입시켜 조선의 땅임을 명확히 했어요. 그러다 일본이 독도를 자국 영토라고 강변하기 시작한 것은 조선 침략이 본격화한 1905년 무렵부터에요.

■ **여러분은 안용복의 행동에 대해 어떻게 생각하나요?**

35-1 신기한 뉴스
키워드: 지도, 국가기념일, 혼일강리역대국도지도

'지도의 날'을 국가기념일로

'지도의 날' 국가기념일 지정을 위한 학술심포지엄이 6월 24일 국회의원회관에서 열렸어요. 이번 심포지엄에는 지리와 지도 관련된 학계, 연구기관, 정부기관 등 150여 명이 참석했어요. 이들은 우리나라 지도 역사상 가장 우수한 '강리도(혼일강리역대국도지도)'의 문화적 유산 가치를 재조명하기 위해 모였다고 밝혔어요.

혼일강리역대국도지도는 조선 태종 2년(1402년)에 제작된 세계 지도예요. 이 지도는 아프리카 희망봉과 유럽 전체를 포함하고 있어 당시 조선이 미국과 남아메리카를 제외한 세계를 이미 파악하고 있었다는 점에서 놀라운 유산으로 평가받고 있지요. 그러나 이 중요한 지도가 필사본 형태로 일본에 보관되어 있다는 점에서 국내 관심이 부족했던 것도 사실이에요.

심포지엄에서는 『1402 강리도』의 저자인 김선흥 작가가 혼일강리역대국도지도의 역사적 의미와 문화적 가치를 설명했어요. 김 작가는 이 지도가 15세기 혹은 중세의 구글어스와 같으며, 아프리카를 최초로 그린 유일한 동서양의 지도라는 사실을 강조했어요. 또 이러한 가치에도 불구하고 강리도에 대한 국내 관심이 부족한 현실을 지적했어요.

전문가들은 "지도의 날이 국가기념일로 지정된다면 국제 정세 속에서 우리나라가 세계 속으로 나아갈 방향을 제시하는 중대한 의미를 가질 것"이라며 다각적인 노력을 기울이겠다고 발표했어요.

지도포럼 공동위원장은 학술심포지엄을 마치며 대한민국의 지도 제작 전통에 자긍심을 가져 달라고 당부했어요. 또한 우리의 역사적, 문화적 소통을 강화하는 계기가 되면 좋겠다는 의견을 밝혔습니다.

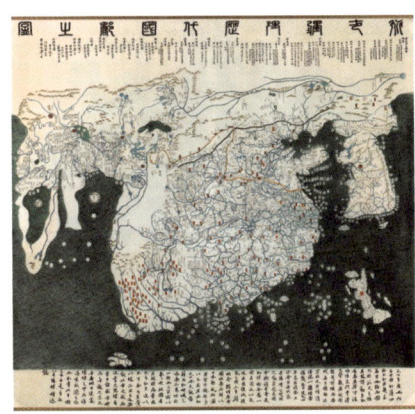
강리도

개념 어휘
1. 필사본: 원본을 손으로 베껴 쓴 사본.
2. 역설하다: 자기 주장을 힘주어 말하다.

정리해 볼까요?

1. 이 기사는 무엇에 대해 이야기하고 있나요?

2. '혼일강리역대국도지도'의 역사적 중요성은 무엇인가요?

3. 전문가들은 '지도의 날' 국가기념일 지정의 중요성을 어떻게 설명했나요?

4. 문단별 내용 정리
   1문단 : '지도의 날' 국가기념일 지정을 위한 학술심포지엄 개최
   2문단 :
   3문단 :
   4문단 :
   5문단 :

생각해 볼까요?

5. 강리도의 문화적 유산 가치를 알리기 위한 효과적인 방법은 무엇일까요?

219

35-2 우당탕 교과서 관련 단원: 4-1 지역의 위치와 특성

김정호 선생님과의 특별 인터뷰

기자: 안녕하세요, 김정호 선생님. 오늘은 선생님께서 제작하신 『대동여지도』에 대해 자세히 들어보고자 합니다. 먼저, 대동여지도에 대해 간략히 소개해 주시겠습니까?

김정호: 안녕하세요. 대동여지도는 1861년, 철종 12년에 완성된 조선의 전국 지도입니다. 이 지도는 조선의 지도 제작 전통을 집대성한 결과물로, 현대 지도와 비교해도 손색이 없을 만큼 정확하고 실용적이지요.

기자: 대동여지도가 어떻게 구성되었는지 궁금합니다.

김정호: 저는 조선의 국토를 남북 120리 간격의 22개 층으로 나누고, 각 층을 하나의 책으로 묶었습니다. 이 책들을 병풍처럼 펴고 접을 수 있게 만들어 휴대할 수 있도록 했지요. 22권의 책을 모두 펼치면 세로 약 6.7m, 가로 약 3.8m 크기의 대형 전국 지도가 완성됩니다.

기자: 지도의 특징에 대해 더 설명해 주실 수 있나요?

김정호: 저는 대동여지도에 백두산에서 비롯된 산줄기, 즉 백두대간을 중심으로 자연환경을 아주 자세하게 묘사했어요. 물줄기는 곡선으로, 도로는 직선으로 표현해 쉽게 구별할 수 있게 했지요. 또 도로와 역참, 창고와 목장 등 다양한 정보를 넣었어요. 기호를 활용해서 쉽게 인식할 수 있게 했고요.

기자: 대동여지도를 많은 사람들에게 보급하기 위해 어떤 노력을 하셨나요?

김정호: 목판 인쇄본으로 제작해서 많은 사람들이 지도를 쉽게 접할 수 있도록 했어요.

기자: 마지막으로 대동여지도를 통해 전달하고 싶은 메시지가 있다면 무엇인가요?

김정호: 많은 사람들이 대동여지도를 통해 조선의 국토와 문화를 더 깊이 이해하기를 바랍니다. 대동여지도는 조선의 지도 제작 전통을 집대성한 작품으로, 우리의 자부심이 되어야 합니다.

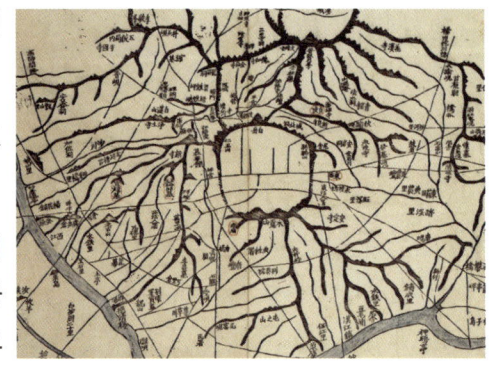

대동여지도 일부

어휘 통통

국가기념일

국가기념일은 국가 차원에서 특별한 의미를 가지는 날짜를 기념하기 위해 지정된 날을 말해요.

① **3·1절** (3월 1일) : 1919년 3·1운동의 시작을 기념
② **현충일** (6월 6일) : 국가를 위해 희생한 순국선열과 호국영령을 기리는 날
③ **제헌절** (7월 17일) : 대한민국 헌법이 제정된 날을 기념
④ **광복절** (8월 15일) : 1945년 8월 15일 일본으로부터 해방된 날을 기념
⑤ **개천절** (10월 3일) : 고조선의 건국 설화에 따라 우리나라 역사의 시작을 기념
⑥ **한글날** (10월 9일) : 한글 창제와 반포를 기념하는 날

이 밖에도 많은 국가기념일이 있는데 국가기념일은 국민의 정체성과 애국심을 고취시키는 역할을 한답니다.

---

1. 앞의 신문 지문에 나온 여러 단어들 중 적절한 단어를 찾아 문장을 완성해 보세요.

   주최   필사본   정세   역설   원천

   - 박물관에서는 귀중한 (   )을 전시하고 있다.
   - 그녀는 역사적 사실의 (   )을 찾아 연구하고 있다.
   - 그는 자신의 주장을 논리적으로 (   )하였다.
   - 우리 회사는 이번 행사를 성공적으로 (   )하였다.
   - 최근 국제 (   )가 불안정해지고 있다.

35-3 생각 쑥쑥! 배경 지식을 넓혀라

세계의 유명한 지도들

지도란 지구의 일부 또는 전체를 평면 위에 축소하여 나타낸 것으로, 당시 사람들이 세상을 어떻게 바라보고 있는지 알 수 있게 해 줘요. 그럼 역사적으로 유명한 지도들을 살펴볼까요?

1. 스페인의 아바운츠 지도

1993년 스페인 나라바 지역의 아바운츠 동굴에서 발견된 것으로 탄소 연대 측정 결과 13,660년 전에 작성된 것으로 판명되었어요. 세계에서 가장 오래된 지도이지요. 무수히 그어진 선들 사이에 동굴 주변의 산과 강, 늪이 있는 곳, 그리고 사냥감을 잡을 수 있는 곳, 동굴로 안전하게 돌아올 수 있는 길 등이 새겨져 있어요. 한마디로 생존을 위한 지도였어요.

2. 바빌로니아 세계 지도

바빌로니아가 있던 메소포타미아 지방(현 이라크 남부)의 점토판 지도로, 가로 8.2cm, 세로 12.2cm의 손바닥만 한 크기로 만들어져 있어요.

중앙에 바빌로니아가 있고, 바빌론을 통과하는 두 선은 각각 티그리스와 유프라테스강을 나타내요. 강 주위의 작은 원들은 식민지 도시를 의미하고, 밖으로 튀어나온 삼각형들은 미지의 섬을 의미하지요. 원형의 땅을 바다가 둘러싸고 있는 모습을 보면, 고대 사람들의 세계관을 엿볼 수 있어요.

3. 프톨레마이오스 세계지도

천동설로 유명한 고대 그리스의 천문학자이자 지리학자인 프톨레마이오스가 2세기경에 작성한 지리서 『지리학(Geographia)』에 기반한 지도예요. 중세와 르네상스 시대 동안 유럽에서 중요한 참고 자료로 사용되었지요. 이 지도에서는 세계를 경도와 위도로 나누어 체계적으로 표현했는데, 이는 고대 세계에서 지리 정보를 체계적으로 기록하려는 첫 시도였어요.

유럽, 아시아, 아프리카의 일부를 포함하고 있는데 세상의 끝이 아시아인 줄 알았던 고대 사람들의 세계관을 알 수 있지요. 그 외에도 여러 가지 오류와 상상 속의 지형이 포함되어 있지만, 중세 유럽의 지도 제작에 큰 영향을 미쳤고 콜럼버스와 마젤란 같은 탐험가들에게 영향을 주었어요.

4. 카탈루냐 세계 지도

중세 유럽의 지리학과 지도 제작술의 정점을 보여 주는 카탈루냐 세계 지도는 1375년에 제작된 중세의 중요한 해도예요. 카탈루냐 출신의 지도 제작자인 아브라함 크레스케스가 그의 아들과 함께 제작했다고 알려져 있어요.

6개의 패널로 구성된 대형 지도첩으로, 지중해, 유럽, 북아프리카, 중동 및 아시아의 일부 지역이 포함되어 있고, 주요 도시, 강, 산맥, 섬 등을 상세히 그려져 있어요.

해안선과 항로가 정확하게 묘사되어 있어서 중세 후반의 탐험과 항해에 중요한 자료로 사용되었고 중세 유럽의 세계관과 문화적 교류를 이해하는 데 중요한 단서를 제공하고 있어요.

5. 혼일강리역대국도지도

조선 태종 2년(1402년)에 제작된 세계 지도로, 현존하는 가장 오래된 동아시아 세계 지도 중 하나예요. 지도의 중심에는 중국이 배치되어 있는데 중국을 세계의 중심으로 보는 중화 사상이 잘 드러나 있고, 중앙아시아, 인도, 아라비아, 아프리카, 유럽의 일부 지역이 묘사되어 있어요.

동양의 전통적인 지도 제작 기법과 서양의 초기 지리학적 지식이 결합된 형태를 보이는데, 이는 동아시아의 지도 제작 기술이 높은 수준에 도달했음을 보여 주는 자료이기도 해요.

■ **지도의 역할은 무엇이라고 생각하나요?**

정답

1-1
1. 도시의 조명이 필요 이상으로 밝고 많아서 사람과 자연 환경에 주는 피해
2. 사람: 눈 피로, 생체 시계에 영향을 주어 면역력 약화 / 동식물: 생장 방해, 이동 경로 혼선 등
3. 문단별 내용 정리
   1문단 : 조명의 장점
   2문단 : 빛 공해 피해 현황
   3문단 : 빛 공해의 문제점 - 사람에게 주는 피해
   4문단 : 빛 공해의 문제점 - 동물과 식물에게 주는 피해
   5문단 : 빛 공해의 해결책을 고민해야 하는 이유
4. 예시) LED 조명 활용, 불 끄기, 어스 아워 동참 등

1-2
1. ① 강, 바다 / ② 토양 오염 / ③ 소음 공해 / ④ 밤하늘
2. 공익: 여러 사람에게 이익이 되는 것 / 공평: 모든 사람들에게 공정하게 대하는 것

1-3
예시) 개인적으로 가장 인상 깊은 발명품은 인터넷입니다. 인터넷은 전 세계 사람들과 실시간으로 소통할 수 있게 해서 전자상거래와 SNS 등 사회적, 경제적 상호작용을 크게 증진시켰습니다. 또한 이러한 인터넷 기반의 생활방식은 빅데이터, 인공지능 등 현대 기술의 발전으로 이어졌습니다.

2-1
1. 우호적인 관계를 맺고 싶은 나라에 판다를 대여해 주고 임대료를 받음.
2. 판다를 다른 나라에 보낼 때, 현지에서 태어난 판다는 4년 내에 송환해야 한다고 요구함.
3. 문단별 내용 정리
   1문단 : 국민 판다 '푸바오'의 중국 송환
   2문단 : 푸바오의 출생
   3문단 : 판다 외교를 하는 중국
   4문단 : 동물 외교의 의미
   5문단 : 동물 외교의 문제점
4. 예시) 동물 외교는 역사적으로나 현대적으로 중요한 외교 수단으로 이용되어 왔습니다. 국가 간의 문화 교류와 협력을 촉진하고, 자연보호에 대한 관심을 높이는 데 기여할 수 있습니다. 그러나 동물의 복지 문제와 일시적인 효과 등의 단점도 존재합니다. 따라서 동물 외교를 사용할 때는 이러한 장단점을 고려하여 신중하게 접근해야 할 필요가 있을 것 같습니다.

2-2
1. ① 배송 / ② 발송 / ③ 송별 / ④ 송금 / ⑤ 송신

2-3
예시) 장점: 첫째, 문화 교류를 촉진합니다. 해당 나라의 자연과 문화를 더 깊이 이해할 수 있습니다. 둘째, 동물 외교는 자연 보호에 대한 관심을 높입니다. 희귀 동물의 교환이나 기증은 자연 보호와 종 보전에 대한 국제적 관심을 불러일으킵니다. 셋째, 이는 긍정적인 외교 관계를 강화하는 데 기여합니다.

단점: 첫째, 동물의 복지 문제입니다. 동물은 새로운 환경에 적응하기 어려울 수 있으며, 이동과 새로운 생활 환경이 스트레스를 유발할 수 있습니다. 둘째, 이는 일시적인 효과를 가질 수 있습니다. 동물 외교는 일시적인 관심을 끌 수 있지만, 지속적인 외교적 관계를 유지하는 데는 한계가 있을 수 있습니다.

3-1
1. 배달업계의 성장이 주춤하고 있어서 소비자의 마음을 얻고, 업계 1위를 차지하기 위해
2. 배달업체가 부담하는 돈 만큼 음식값이 올라갈 가능성이 있음. 또한 한 업체가 독점한 후 횡포를 부릴 가능성이 있음
3. 문단별 내용 정리
   1문단 : 배달 플랫폼 업체의 '배달비 0원' 경쟁
   2문단 : 배달비 0원 경쟁 정책 실시 이유
   3문단 : 배달앱 경쟁의 부정적 전망 1 - 음식 가격 상승
   4문단 : 배달앱 경쟁의 부정적 전망 2 - 독점 횡포 가능성
   5문단 : 배달앱 경쟁의 결과에 대한 관심
4. 예시) 음식점주들은 배달 플랫폼 업체들과 협상하여 수수료 인상 방지에 힘쓰거나, 자체 배달 시스템을 도입, 소비자들에게 직접 방문 시 할인 혜택하는 등의 대안을 모색해야 합니다.

3-2
1. 독점 / 과점 / 독점

3-3
예시) 드론, 자율주행 차량 등 기술 발전으로 혁신적이고 편리한 방향으로 배달이 될 것 같습니다. 그러면 사람이 직접 배달하지 않아도 되니 배달료가 내려갈 것으로 생각됩니다.

4-1
1. 드론 택시, 플라잉카 등을 포함한 도심 항공 모빌리티
2. 도심의 교통 정체를 피해 빠르게 목적지까지 갈 수 있다. 오염물질을 내뿜지 않는다. (공해 방지) 소음과 진동이

줄어든다 등
3 문단별 내용 정리
   1문단 : 새로운 교통수단으로 등장한 드론 택시
   2문단 : 도심 항공 교통(UAM)의 의미
   3문단 : 드론 택시의 장점 1 – 빠르다
   4문단 : 드론 택시의 장점 2 –전기 동력의 장점들
   5문단 : 버티포트의 의미와 미래 전망
4 예시) 하늘을 나는 소형 개인용 드론이 나올 것 같습니다. 사람이 탈 수 있는 소형 드론은 교통 체증을 피하고, 도심 내에서는 물론 외곽 지역까지도 빠르게 이동할 수 있게 합니다. 개인용 드론은 스마트폰 앱을 통해 호출하고, 자율 주행 기능으로 목적지까지 안전하게 이동할 수 있습니다.

4-2
1 ②
2 배송 / 수송 / 운송

4-3
예시) 왕이나 공주가 타던 가마와 일반 가마를 타 보고, 무엇이 얼마나 다른지 비교해 보고 싶습니다.

5-1
1 1분 안쪽 분량의 영상
2 팝콘 브레인 효과, 도파민 중독
3 문단별 내용 정리
   1문단 : 숏폼의 의미
   2문단 : 숏폼이 인기 있는 이유
   3문단 : 사회 문제가 된 숏폼 중독
   4문단 : 숏폼이 뇌에 미치는 영향 1 – 팝콘 브레인
   5문단 : 숏폼이 뇌에 미치는 영향 2 – 도파민 중독
4 예시) 숏폼 영상으로 짧은 시간 동안 여러 가지 콘텐츠를 빠르게 소비하는 데 익숙해진 청소년들은 긴 시간 공부 집중력을 유지하기 어려워지고, 복잡한 문제를 해결하거나 깊이 있는 이해가 필요한 학습 활동에서 어려움을 겪을 수 있습니다. 또 숏폼 영상을 과도하게 보면 수면 부족으로 이어질 수 있어서 학업 성취에 악영향을 미칠 수 있습니다.

5-2
1 ③
2 ④
3 예시) 시험공부를 열심히 하는 건 좋지만, 잠도 안 자고 공부하는 건 과유불급이야.

5-3
예시) 영국은 아편의 중독성과 파괴적인 영향을 알면서 이것을 이용해 많은 중국인들의 삶을 망가뜨렸습니다. 이는 경제적 이익을 위해 다른 나라를 희생시킨 제국주의적 행태의 일환으로, 다른 나라의 주권과 인권을 무시한 행동이라고 생각합니다.

6-1
1 농업(agriculture)과 인플레이션(inflation)을 합성한 신조어로 농산물 가격 상승이 다른 물가까지 오르게 하는 현상
2 기후 위기, 봄철 이상 고온으로 꽃이 일찍 핀 뒤 한파가 몰아치는 바람에 꽃이 죽어서 열매를 맺지 못한 탓
3 문단별 내용 정리
   1문단 : 과일 가격 급등세
   2문단 : 가격 탄력성이 낮은 농산물
   3문단 : 애그플레이션이 나타나는 요즘 추세
   4문단 : 애그플레이션의 뜻
   5문단 : 사과 가격이 오른 이유
4 예시) 기후 변화에 적응할 수 있는 품종을 개발하고 대체 작물을 발굴, 인공지능(AI)을 활용해 기후 변화 방향을 내다보고 준비하기, 온실가스 배출을 줄이는 친환경 농법 개발 등

6-2
1 ①-ⓒ / ②-ⓔ / ③-ⓐ / ④-ⓓ

6-3
예시) 저는 인플레이션을 경험했어요. 예전에 제가 좋아하는 과자 한 봉지를 1,500원에 살 수 있었어요. 그런데 요즘에는 같은 과자가 2,000원이에요. 과자는 동일한데 가격이 오른 것이죠.

7-1
1 투표권도 경제력도 없는 약자에 대한 차별이고, 개별 아동이 실제로 하지 않은 행위 때문에 미리 배제되는 것은 비교육적이기 때문에
2 특정 연령층에 대한 차별과 편견을 조장할 수 있음
3 문단별 내용 정리
   1문단 : 헬스장에 붙은 아줌마 출입 금지 공지에 대한 논란
   2문단 : 이 사건에 대한 BBC의 평가
   3문단 : '노키즈존'에 대한 비판과 이유
   4문단 : 온갖 '노○○존'이 생기는 현실
   5문단 : '노○○존'이 생기는 이유와 주의해야 할 점
4 예시) 저는 특정 계층을 배제하는 노○○존에 반대합니다. 차별과 배제는 옳지 않다고 생각하며, 노○○존은 사회적 통합을 방해하고, 결과적으로 경제적으로도 불리할 수 있다고 생각합니다.

7-2
1. 무능 / 무식 / 무기력
2. 편견 / 선구자 / 배제

7-3
예시) 차별 금지법: 성별, 나이, 인종, 장애 등으로 인한 차별을 금지 / 장애인 권리 보장법: 장애인의 자립과 사회 참여를 위한 다양한 지원 제도 마련 / 아동·청소년 인권 보장 정책: 학대, 폭력, 착취 등으로부터 아동과 청소년을 보호하고 그들의 기본적 권리를 보장하기 위한 제도 / 여성 권리 향상 정책: 성 차별 해소, 가정 폭력 예방, 일·가정 양립 지원 등 여성의 권리와 지위 향상을 위한 다양한 정책 / 난민 보호 제도: 전쟁, 박해 등으로 인해 자국을 떠나온 난민들의 인권을 보호하고 정착을 지원하는 제도 등

8-1
1. 전국적인 폭우로 인한 피해 상황과 대처 방안
2. 주택과 주요 도로 침수, 축사 지붕 붕괴, 산사태 발생, 인명 피해 등
3. 짧은 시간 내 특정 지역에 많은 비가 집중되는 것, 폭우와 폭염이 함께 오는 것
4. 문단별 내용 정리
   1문단 : 기록적인 폭우와 피해 상황
   2문단 : 폭우로 인한 인명 피해와 교통 혼잡
   3문단 : 이번 폭우의 특징
   4문단 : 지구온난화로 인해 나타나는 극단적 날씨
   5문단 : 폭우가 내릴 때 안전 수칙
5. 예시) 극단적인 날씨는 작물이 자라는 데 부정적인 영향을 미쳐 수확량 감소와 품질 저하를 초래할 수 있습니다. 또 건강에도 큰 영향을 끼칠 수 있습니다. 폭염은 열사병과 탈수 증상을 유발할 수 있고, 폭우와 홍수는 수인성 질병의 확산을 초래할 수도 있습니다.

8-2
1. 폭식, 폭염, 폭정, 폭동, 폭언

8-3
예시) 옛날 사람들은 지진이나 홍수, 가뭄이나 황사 같은 자연재해를 하늘의 꾸지람, 신의 노여움 등으로 생각했어요. 그래서 왕과 관리들은 하늘과 백성들의 원망을 없애기 위해 특별한 제사나 행사를 열고, 말과 행동을 돌아보며 반성했어요.

9-1
1. 인공지능 기술이 적용된 디지털 교육 콘텐츠
2. 학생들의 수준과 특성에 맞춘 1대 1 맞춤형 교육 제공
3. 기기에 너무 의존하게 되거나 유해 콘텐츠에 노출될 수 있음, 사교육을 부추기거나 문제풀이로만 사용될 수 있다는 지적, 디지털 교과서 발행사들이 학생의 개인정보를 갖게 될 수 있는 문제점
4. 문단별 내용 정리
   1문단 : 전자책의 인기가 꾸준히 이어지고 있음
   2문단 : AI 디지털 교과서 도입과 예상되는 장점
   3문단 : AI 디지털 교과서에 대한 우려
   4문단 : 우려에 대한 대응 방안
   5문단 : AI 디지털 교과서와 개인정보 보호 문제
5. 예시) 장점: 개인 맞춤형 학습 내용과 피드백을 통해 학생들은 자신의 수준에 맞는 교육을 받고, 다양한 멀티미디어 콘텐츠로 학습에 흥미를 높일 수 있다. / 단점: 디지털 기기의 지나친 의존과 유지 보수의 문제
6. 예시) 디지털 기기 사용 시간을 제한, 종이 교과서와 병행하여 사용할 수 있는 방안 마련, 토론이나 실험 위주로 활동하는 그룹 프로젝트를 활용

9-2
1. 정독, 독서, 독자, 독서실, 독해

9-3
예시) 북 큐레이터: 특정 주제나 독자층을 대상으로 추천 도서를 선정하고 큐레이션합니다. / 오디오북 관련 기술 개발자: 오디오북을 제공하는 플랫폼이나 애플리케이션을 개발하고 유지보수하는 일을 합니다 등

10-1
1. 북쪽에서 남쪽으로 부는 북풍을 이용해서 보냄
2. 북한의 열악한 현실을 알리는 대북전단에 대한 반발
3. 북한의 독재 체제를 비판하는 확성기 설치
4. 문단별 내용 정리
   1문단 : 오물 풍선을 보내는 북한
   2문단 : 우리나라 곳곳에서 발견되는 오물 풍선
   3문단 : 주민들의 반응과 안전 우려
   4문단 : 오물 풍선에 대한 북한의 입장
   5문단 : 오물 풍선에 대한 북한의 주장과 우리나라의 대응
5. 예시) 표현의 자유는 중요한 권리이지만, 타인에게 해를 끼치지 않는 범위 내에서 이루어져야 합니다. 오물 풍선은 환경오염을 일으키고, 사람들의 건강에 심각한 위협을 가할 수 있는 행위입니다. 또한, 이는 공포와 불안을 조성하는 비도덕적이고 비인도적인 방식입니다. 따라서 북한의 이러한 주장은 정당화될 수 없으며, 국제 사회에서도 강력히 비판받아야 한다고 생각합니다.

10-2
1. 대결 / 대응 / 대화 / 대비 / 대립 / 대안

10-3
예시) 북한에서 날아오는 삐라를 보면 무서울 것 같아요. 우리나라와 북한이 서로 대립하고 있어서 전쟁이나 폭력을 선동하는 내용이 많을 것 같아서요. 하지만 삐라 안에는 북한 사람들의 이야기도 담겨 있을 것 같아요. 우리 모두가 서로 이해하고, 전쟁이나 폭력이 아닌 대화와 협력으로 문제를 해결했으면 좋겠어요. 그래서 북한 사람들도 행복하게 살 수 있었으면 좋겠습니다.

11-1
1. 영국
2. 화석연료 사용을 중단하라고 요구하기 위해
3. 유적지의 역사적 가치를 훼손할 수 있다, 문화유산의 원형을 망칠 수 있다
4. 문단별 내용 정리
   1문단 : 스톤헨지에 대한 설명
   2문단 : 스톤헨지 훼손 사건 발생
   3문단 : 스톤헨지 훼손에 대한 비판
   4문단 : 공식 반응과 법적 후속 조치
   5문단 : 스톤헨지 사건의 영향
5. 예시) 지구 환경에 관심을 갖게 하는 것은 중요하지만 그것을 위해 스톤헨지와 같은 역사적·문화적 유산을 훼손하는 것은 바람직하지 않습니다. 스톤헨지는 인류 문화유산으로서 보존되어야 할 소중한 자산이기 때문입니다. 이렇게 극단적인 행동은 오히려 역효과를 불러일으킬 수 있습니다.

11-2
1. ① 유물 / ② 유적 / ③ 유적 / ④ 유물

11-3
예시) 경복궁 담벼락 낙서 사건은 우리의 역사와 문화를 존중하는 태도의 중요성을 일깨워 주는 사건입니다. 문화유산 보호에 대한 법적, 교육적, 사회적 노력이 함께 이루어져야 하며, 모든 시민이 참여하여 우리의 소중한 자산을 지키는 데 힘써야 합니다.

12-1
1. 인구 국가비상사태
2. 일과 가정의 균형, 아이를 키우는 것, 주거 문제
3. 8세에서 12세로
4. 문단별 내용 정리
   1문단 : 인구 국가비상사태 선포 및 저출산 문제 해결을 위한 핵심 분야 선정
   2문단 : 육아휴직 및 출산휴가 관련 정책
   3문단 : 자녀 양육 지원 정책
   4문단 : 주거 문제 해결을 위한 출산 가구 주택 공급 정책
   5문단 : 저출산 문제 해결 위한 지속적인 노력
5. 예시) 저출산은 생산 가능 인구 감소로 이어져 경제성장 둔화, 노동력 부족, 사회보장제도 위기 등의 문제가 생길 수 있어요.

12-2
1. 공포 / 선포 / 공포 / 선포 / 선포

12-3
예시) 아이와 함께 행복한 대한민국, 우리가 만들어 갑시다 / 아이 낳고 키우기 좋은 나라, 함께 만들어 가요 / 행복한 아이, 행복한 가정, 행복한 대한민국! / 우리 모두의 힘으로 지속 가능한 미래를! 등

13-1
1. 정해진 지역에서만 사용할 수 있는 시·도 이름이 적힌 돈
2. 할인 혜택으로 인해 주민들이 더 많이 소비하게 되고, 전통 시장이나 골목상권이 활성화됨
3. 보다 많은 소상공인들이 공평하게 지역 화폐의 혜택을 받을 수 있도록 하기 위해서
4. 문단별 내용 정리
   1문단 : 지역 화폐의 정의와 도입 목적
   2문단 : 지역 화폐 발행 규모와 가맹점 등록 기준 제한으로 인한 영향
   3문단 : 가맹점 제한의 이유
   4문단 : 가맹점 제한의 문제점
   5문단 : 각 지자체의 대책 검토
5. 예시) 가맹점 등록 기준을 완화해서 다양한 업종의 가맹점을 확보하면 좋을 것 같아요. 또 지역 화폐를 디지털화하거나 모바일 앱 등을 통해 쉽게 사용할 수 있으면 좋을 것 같아요.

13-2
1. 양성 / 건의 / 빈도 / 기여

13-3
예시) 개인정보를 디지털화하여 이를 기반으로 화폐를 발행하거나 거래를 인증하는 방식이 나타날 것 같아요. 신원 확인과 금융 거래가 통합된 시스템으로 '디지털 신원 화폐' 같은 것이 생겨날 것 같습니다.

14-1
1. 북한이 매설한 나뭇잎 모양 지뢰의 위험성과 유실 가능성에 대한 주의 당부
2. 나뭇잎을 닮아 육안으로 식별하기 어려움, 플라스틱 재질로 금속 탐지기로 찾기 어려움, 무게가 가벼워 손으로 던져 살포할 수 있음
3. 2020년 김포대교 북단 한강변에서 낚시꾼이 지뢰를 밟

아 다친 시례, 2010년 경기도 연천 임진강 유역에서 목함지뢰 폭발로 사망 및 중상 사례

4 문단별 내용 정리
1문단 : 장마철을 맞아 북한 지뢰의 유실 우려와 주의 당부
2문단 : 나뭇잎 지뢰의 특징
3문단 : 나뭇잎 지뢰의 위험성
4문단 : 실제 지뢰 유실 사고 사례
5문단 : 지뢰 유실 가능성에 대한 군 관계자의 우려

5 예시) 지뢰는 설치 후에도 오랫동안 그 자리에 남아 있기 때문에 전쟁이 끝난 후에도 민간인에게 지속적인 위험을 초래합니다. 지뢰 폭발로 인한 피해가 즉각적이고 치명적이어서 신체 절단, 심각한 화상, 내부 장기 손상 등이 발생할 수 있고, 사망에까지 이를 수 있습니다. 플라스틱이나 비금속 재질로 만들어진 지뢰의 경우, 금속 탐지기로 발견하기도 어렵다는 문제점이 있습니다.

14-2
1 비무장지대 / 유실 / 매설 / 식별 / 육안

14-3
예시) 저는 세계자연기금에서 일해 보고 싶습니다. 요즘 환경 문제가 심각하기 때문에 사람들에게 환경 보호의 중요성을 여러 캠페인을 통해 알려 주고, 멸종 위기의 동물도 구하고 싶기 때문입니다.

15-1
1 삼국지 이야기 중 하나인 '칠종칠금'을 그린 그림
2 조선이 마지막으로 일본에 통신사를 파견할 때 그려서 가져간 것으로 추정
3 신윤복이 그렸다는 사실이 명기되어 있음, 조선통신사의 외교 활동과 연관된 사료
4 문단별 내용 정리
1문단 : 신윤복의 고사인물도 그림 도난
2문단 : 신윤복의 고사인물도 설명
3문단 : 고사인물도가 일본에 있었던 이유
4문단 : 고사인물도의 가치
5문단 : 문화재 보호의 중요성
5 예시) 이번 도난 사건은 문화재 보호의 중요성을 다시 강조하는 계기가 될 수 있습니다. 사람들이 문화재의 가치를 다시 인식하고, 이를 보호하기 위한 노력이 강화될 것입니다. 또 문화재 반환 문제에 대한 관심이 높아질 수 있습니다.

15-2
1 소장 / 반출 / 파견 / 선친 / 사료
2 예시) 도서관에서는 책을 무단으로 반출하는 것을 엄격히 금지하고 있다.

15-3
예시) 인기 있는 작품일수록 도난 위험이 큰 것 같습니다. 유명 작가의 작품이나 희귀한 작품일수록 범죄자들의 표적이 될 가능성이 더 크기 때문입니다. 그런데 반대로 작품이 도난되면 오히려 그 작품의 인지도와 관심이 더 높아지는 경우도 있습니다. 도난 사건이 언론에 보도되면서 작품의 인지도가 상승하고, 수집가들의 관심도 증가하기 때문입니다.

16-1
1 반려동물을 가족처럼 여기는 사람들
2 펫팸족이 늘어나면서
3 전용 야외 공원, 프리미엄 토털 서비스, '개모차' 대여 서비스, 반려동물 전문관 운영
4 문단별 내용 정리
1문단 : 펫팸족 인구 증가
2문단 : 펫코노미 시장의 성장
3문단 : 백화점과 아울렛의 반려동물 관련 서비스
4문단 : 반려견 사료 판매량 증가
5문단 : 펫산업의 미래 전망
5 예시) 반려동물 의류 및 액세서리 산업, 반려동물 교육 및 훈련 서비스, 반려동물 전용 여행 및 휴양 서비스, 반려동물 장례 및 애도 지원 서비스 등

16-2
1 가정 / 가족 / 가구

16-3
예시) 왕국 간 동맹을 위해서, 왕위 계승권 등을 확보하려 한 결혼 정책은 개인의 자유와 행복이 무시되는 경우가 많아서 불행했을 것 같아요.

17-1
1 생성형 AI가 왜곡된 역사 정보를 수집하고 정보를 확산시키고 있어서
2 인공지능을 이용해 왜곡된 정보를 알려 줄 수 있는 위험성
3 한국의 올바른 영토, 역사, 문화 정보를 전 세계에 확산시키기, 디지털 포스터 제작 및 SNS 배포, 글로벌 청원 전개
4 문단별 내용 정리
1문단 : 디지털 영토 주권을 위협받고 있는 우리나라
2문단 : 잘못된 정보를 이용하는 인공지능의 문제점
3문단 : 반크의 디지털 영토 주권 수호 주장
4문단 : 한국의 선제적 홍보 활동 필요성
5 예시) 생성형 AI가 학습에 사용되는 데이터베이스를 정기적으로 검토하고 업데이트하여, 최신의 정확한 정보를 반영하도록 해야 합니다. 또 AI가 생성한 정보에 대해

전문가나 사용자가 검토하고 피드백을 제공하는 시스템이 있으면 좋겠습니다. 이를 통해 잘못된 정보가 발견되면 신속히 수정하고, 같은 오류가 발생하지 않도록 학습할 수 있기 때문입니다.

17-2
1. 선제적 / 배포 / 청원 / 왜곡 / 수호

17-3
예시) 먼저 해당 역사적 사실이 왜곡되었는지 여부를 객관적으로 확인하고 검증해야 합니다. 사실 관계를 정확하게 확인한 후 역사 왜곡을 발견했다면 해당 내용을 작성한 주체에게 정중하게 지적하고 바른 역사적 사실을 제시해서 교정을 할 수 있도록 해야 합니다.

18-1
1. 2026년, 가우디 사망 100주기
2. 스페인 내전, 재정 부족, 코로나19 팬데믹
3. 첫째, 세계에서 가장 높은 교회가 된다. 둘째, 바르셀로나의 대표 명소로 더욱 많은 관광객을 끌어모을 수 있다.
4. 문단별 내용 정리
   1문단 : 사그라다 파밀리아의 완공 예정일
   2문단 : 건축 과정의 어려움과 유네스코 세계문화유산 지정
   3문단 : 사그라다 파밀리아 공사에서 남은 과제
   4문단 : 사그라다 파밀리아 완공 후 기대
5. 예시) 완공 후 관광객이 급증하면서 인근 지역의 교통 혼잡이 발생할 수 있다. 또 관광객이 지나치게 많아지면서 치안 등의 문제가 함께 나타날 수 있다.

18-2
1. 착공 / 완공 / 시공 / 기공 / 준공

18-3
예시) 3.1 만세운동을 불렀던 탑골공원에 가서 '원각사 지십층석탑'을 보았습니다. 조선 시대에는 불교를 억압했는데도 만들어졌던 탑으로 대리석으로 만들어졌습니다. 탑이 훼손되는 것을 막기 위해 지금은 보호 유리 상자 안에 보관되어 있습니다.

19-1
1. 청년들을 위한 공공시설의 결혼식 장소 개방
2. 주요 공공시설을 결혼식 장소로 개방, 사용료를 저렴하게 책정 등
3. 국립중앙박물관: 하객 수에 맞는 다양한 공간 제공, 박물관 내 시설 이용 가능 / 내장산국립공원: 아름다운 자연환경, 저렴한 사용료
4. 문단별 내용 정리
   1문단 : 청년 결혼식 비용 부담 완화를 위한 공공시설 개방 계획
   2문단 : 개방되는 주요 국립 시설 소개
   3문단 : 내장산국립공원과 국립중앙박물관에서의 결혼식 장소로서의 장점
   4문단 : 정부의 추가 지원 계획
   5문단 : 지속적인 예식 공간 발굴 및 지원
5. 예시) 공공시설 본래의 목적에서 벗어난 사용으로 인한 운영 문제, 공공시설 이용객과 예식 참석자 간의 충돌 가능성

19-2
1. 개방
2. 예시) 일하기가 너무 싫지만, 목구멍이 포도청이라 회사에 간다.

19-3
예시) 우체국에 가서 미국에 사는 이모에게 편지와 택배를 보내 보았습니다. 또 엄마가 등기나 빠른 배송 서비스 등을 이용하는 것을 보기도 했습니다.

20-1
1. 울산 반구대 암각화가 물에 잠기지 않도록 하기 위해서
2. 고래
3. 물의 흐름과 압력으로 인해 암각화 표면이 마모되고, 시간이 지나면서 섬세한 조각들이 사라질 수 있다.
4. 문단별 내용 정리
   1문단 : 사연댐 건설 사업 기본 계획 발표
   2문단 : 반구대 암각화의 역사적 가치
   3문단 : 반구대 암각화 침수 문제
   4문단 : 수문 설치 계획과 기대 효과
   5문단 : 반구대 암각화 보호 관리 계획
5. 예시) 사냥의 성공을 빌기 위해, 그림을 통해 정보를 기록하고 후대에 전하는 방법으로 사용, 사냥에 성공했던 자신의 경험과 감정을 표현 등등

20-2
1. 마모 / 침수 / 제보 / 전모 / 선사 시대

20-3
예시) 문화유산은 보호하지 않으면 사라지기 때문에 문화유산에 우선순위를 두고 보호해야 합니다. 하지만 단순히 보호만 할 것이 아니라 잘 활용해서 관광상품을 만들어 지역 경제를 발전시키면 좋을 것 같습니다.

21-1
1. SNS와 인터넷이 익숙함, 개인의 취향과 가치 중시, 비용보다는 경험의 질을 중요시함

2   가심비를 중시하여 여행과 취향, 경힘, 팀험을 동시에 만족하는 상품, 개인의 취향에 맞는 여행 상품, 친환경과 지역 사회에 긍정적 영향을 미치는 여행 상품
3   문단별 내용 정리
    1문단 : MZ세대의 특성과 여행사들의 대응 방식
    2문단 : MZ세대가 선호하는 여행 방식
    3문단 : MZ세대가 좋아하는 개인의 취향에 맞는 여행
    4문단 : 지속 가능성과 자연을 즐기려는 MZ세대의 여행 성향
    5문단 : MZ세대의 특성을 반영한 여행 상품의 중요성
4   예시) 현지 문화 체험 여행을 주제로 하여, 현지 주민과 함께하는 다양한 활동을 포함시킨 여행 상품을 만들고 싶어요.

21-2
1   실학 / 선호 / 문물 / 동력 / 유연

21-3
예시) 「호질」과 「허생전」 같은 이야기는 조선의 양반 사회의 부패와 모순을 풍자적으로 그려내고 있어요. 박지원은 실학자였기 때문에 이 책을 통해 조선의 사회 구조와 제도에 대한 비판과 개혁의 필요성을 강조하려 했던 것 같습니다.

22-1
1   스페인 국왕 펠리페 5세의 함대
2   콜롬비아 영해
3   콜롬비아: 자기 나라의 영해에서 발견되었기 때문에 / 미국: 산 호세 침몰 지점을 먼저 발견해서 / 스페인: 산 호세호가 스페인 함대였기 때문에
4   문단별 내용 정리
    1문단 : 산 호세호의 소유권 갈등
    2문단 : 산 호세호 침몰 경위 및 보물 가치
    3문단 : 소유권 주장 국가들의 입장
    4문단 : 유물 인양의 위험성 및 고고학자들의 경고
    5문단 : 콜롬비아 정부의 탐사 계획
5   예시) 저는 콜롬비아 의견이 맞는 것 같습니다. 산 호세호가 콜롬비아 영해에서 발견되었기 때문에, 이는 콜롬비아의 국가유산으로 간주되어야 한다고 봅니다. 또한 콜롬비아 정부는 유물의 보존 상태를 고려하여 신중하게 탐사 작업을 진행하고, 이를 문화적 유산으로 보호하겠다는 입장을 밝혔습니다. 이는 유물의 경제적 가치가 아닌, 역사적, 문화적 가치를 존중하는 접근 방식이라고 생각합니다.

22-2
1   추산 / 인양 / 사례 / 감정 / 고고학

22-3
예시) 긍정적인 측면: 다양한 문화, 종교, 기술이 교류되고, 농산물, 금, 은 등의 교류로 인해 문화적, 경제적 발전으로 발전함 / 부정적인 측면: 질병 확산, 문화 충돌, 식민지화와 착취, 노예 무역 등

23-1
1   1970년 미국 캘리포니아주 원유 유출 사고
2   탄소 중립 생활 실천의 중요성과 실천 방법
3   가뭄, 물 부족, 육상생물의 멸종, 해수면 상승, 북극곰 멸종
4   문단별 내용 정리
    1문단 : 지구의 날 소개
    2문단 : 지구의 날과 관련된 우리나라의 행사
    3문단 : 플라스틱 쓰레기 문제
    4문단 : 평균 온도가 상승할 때 나타나는 문제
    5문단 : 일상에서 실천할 수 있는 환경 보호 방법
5   예시) 대중교통을 이용하거나 자전거와 도보로 이동 / 전기 사용량을 줄이기 / 에너지 효율이 높은 가전제품을 사용하기 / 난방과 냉방 시 적정 온도를 유지하기 등

23-2
1   유민 / 난민 / 난민 / 유민

23-3
예시) 소빙하기 동안 기온 하락으로 인해 농업 생산량이 감소했는데 이를 극복하기 위해 농업 기술과 자원 관리를 하게 되었어요. 유럽에서는 새로운 작물 재배법과 농기구가 도입되었고, 작물 다양화와 재배 기술의 개선이 이루어졌지요. 이렇게 지속가능한 농업 기술 개발을 하면 좋을 것 같아요.

24-1
1   프랑스의 수도 파리
2   대중교통 이용 장려, 에어컨 최소화, 지속 가능한 에너지 사용하는 경기장 마련
3   전 세계가 하나로 모이는 축제의 장, 스포츠를 통해 서로 소통하고 이해하는 기회
4   문단별 내용 정리
    1문단 : 2024 파리 올림픽 개최 소식과 기대
    2문단 : 환경 친화적인 대회 준비
    3문단 : 교통, 숙박, 보안 등 도전 과제와 준비
    4문단 : 경제적 효과와 장기적인 발전 계획
    5문단 : 평화와 화합의 메시지 및 올림픽의 의미
5   예시) 올림픽 경기장에서 사용한 지속 가능한 에너지를 일상생활에 더 많이 도입하여, 에너지 소비를 줄이고 친환경적인 도시를 만들 수 있습니다. 설치한 태양광 패널을 계속 사용하거나 에너지 효율성 관련 정책도 연속해

서 추진할 수 있습니다.

24-2
1. ②
2. 인프라 / 포부 / 파급 / 창출

24-3
예시) 왕이 제천 행사를 주최하고 국민들이 모여 참여하는 행사이기 때문에, 국가의 단결을 강화할 수 있어요. 또 함께 웃고 떠들면서 국민들 간의 공동체 의식을 형성할 수 있었어요.

25-1
1. 바이러스가 사람 몸의 세포에 붙을 수 있도록 도와주는 역할
2. 결막염, 폐, 위, 뇌로 빠르게 퍼짐
3. 사람 간에 퍼질 수 있는 돌연변이가 일어날 수 있고, 그러면 팬데믹으로 발전하게 됨
4. 문단별 내용 정리
   1문단 : 코로나19보다 치명적일 수 있는 조류 독감
   2문단 : 바이러스가 인간을 감염시키는 방법
   3문단 : 최근 조류 독감 감염 사례
   4문단 : H5N1 바이러스의 증상과 전파 경로
   5문단 : 바이러스의 지속적인 모니터링이 중요한 이유
5. 예시) 기후 변화와 환경 파괴가 동물의 서식지를 없애고 있어요. 살 곳을 잃어버린 동물들은 인간과 더 가까운 곳으로 이동하게 되는데, 그러면 새로운 바이러스가 인간에게 전염될 가능성을 높여요.

25-2
1. 예상, 예언, 예지, 예고, 예매

25-3
예시) 백신의 기본 원리는 병원체의 일부나 유사체를 사용하여 인체의 면역 시스템을 미리 훈련시켜서, 실제 병원체가 침입했을 때 신속하고 효과적으로 대응할 수 있도록 하는 것입니다. 이를 통해 개인과 집단 모두를 질병으로부터 보호할 수 있습니다.

26-1
1. 음식 (K-푸드)
2. 신선한 재료, 전통 색상의 조화, 영양적 우수성
3. 각 국가의 문화적 특성을 고려하며 한식의 의미와 매력을 전달
4. 문단별 내용 정리
   1문단 : 해외에서도 인기를 끌고 있는 K-푸드
   2문단 : K-푸드의 대중적 인기
   3문단 : 한식의 대중화를 추진하는 정부
   4문단 : 해외에서의 김밥의 인기와 이유
   5문단 : 한식의 글로벌 인기를 위한 정부의 계획
5. 예시) 전 세계 사람들이 참여할 수 있는 온라인 쿠킹 클래스를 개최해요. 한식 요리법을 배우고 직접 만들어 볼 수 있는 기회를 제공하여 K-푸드에 대한 관심을 높일 수 있어요.

26-2
1. 열풍 / 출시 / 요깃거리 / 향유 / 강타 / 한류

26-3
예시) 다른 나라와의 교류는 경제적 발전, 문화적 이해, 기술 발전, 외교 및 안보 등 다양한 측면에서 매우 중요하다고 생각해요.

27-1
1. 약 5,020년 전의 재배 벼로, 한반도 농사의 기원이 신석기 시대부터인 것을 알려 주는 볍씨
2. 가와지쌀 재배 농가에게 지원금, 쌀 품질에 따른 보상금 제도
3. 쌀라테와 쌀프라푸치노, 소포장 선물 세트
4. 문단별 내용 정리
   1문단 : 가와지 1호를 통해 농업 혁신을 주도하고 있는 고양시
   2문단 : 가와지 1호와 관련된 고양시의 지원 정책
   3문단 : 가와지쌀의 수출 및 가공식품 개발 현황
   4문단 : 가와지쌀의 새로운 활로 모색
   5문단 : 고양시의 지속적인 노력
5. 예시) 가와지쌀 스무디: 가와지쌀과 신선한 과일을 혼합한 스무디. 건강한 식사 대용으로 적합할 것 같다 / 가와지쌀 화장품: 가와지쌀 추출물을 사용해서 자연 친화적 화장품을 만든다 등

27-2
1. 민감, 감수성, 감촉, 감염, 감동

27-3
예시) 향약: 조선 시대에 지역 공동체의 자치 규약, 마을 구성원들의 윤리적 실천과 서로 돕는 내용이 들어 있습니다. / 품앗이: 농촌 지역에서 주로 행해진 상호협력 노동 조직으로, 마을 주민들이 서로 도와가며 농사일을 해결했습니다 등

28-1
1. 주 6일 근무제
2. IMF 구제 금융 이후 경제의 어려움
3. 그리스의 노동 환경을 악화시킬 수 있음
4. 문단별 내용 정리

231

1문단 : 그리스의 주 6일 근무제 도입
2문단 : 그리스의 주 6일 근무제 도입 이유와 우려
3문단 : IMF 구제금융 이후 어려움을 겪고 있는 그리스 경제
4문단 : 주 6일 근무제에 대한 그리스 정부의 고민

5 예시) 저는 하루에 7~8시간 일하는 것이 적당하다고 생각합니다. 이렇게 해야 일은 효과적으로 수행하면서 개인의 삶의 질도 유지할 수 있을 것 같습니다. 그래서 저는 주 6일 근무제에 대해서는 반대합니다. 주 6일 근무하면 근무 시간이 과도하게 늘어나 피로와 스트레스가 생길 가능성이 큽니다. 그러면 장기적으로 업무의 질과 효율성도 떨어질 것입니다.

28-2
1 ③
2 ①-ⓒ / ②-㉠ / ③-ⓛ

28-3
예시) 외환 보유고를 충분히 확보하고 있어야 해요. 또 경제 구조를 지속적으로 개혁해서 금융 시스템의 건전성과 투명성을 유지하는 것이 중요해요.

29-1
1 아리셀 공장
2 급격한 발열반응으로 폭발의 위험
3 같은 부피와 질량 안에 많은 에너지 저장 가능, 가벼워서 휴대성이 뛰어남
4 문단별 내용 정리
   1문단 : 아리셀 공장에서 발생한 화재 참사
   2문단 : 리튬 일차전지의 특성과 위험성
   3문단 : 화재 확산 원인
   4문단 : 리튬 전지의 장점과 단점
   5문단 : 리튬 전지 대체 전지 개발의 필요성
5 예시) 저는 새로운 전지가 높은 에너지 밀도와 안전성을 갖추어야 한다고 생각합니다. 그래서 화재나 폭발의 위험이 적고, 재충전이 가능하고, 오랜 수명을 가졌으면 좋겠습니다. 또 환경 친화적인 재료를 사용했으면 좋겠습니다.

29-2
1 방화 / 소화 / 진화 / 발화 / 화상 / 화염 / 화재

29-3
예시) 당시 사람들은 화재가 일어나는 원인이 화마(불 마귀)에 의한 것이라는 믿음도 있었어요. 그래서 물의 신인 해치를 세워 화마가 오지 못하게 감시했고, 궁궐 안에는 드므를 설치하기도 했어요. 화마가 궁궐에 불을 내러 왔다가 드므 물에 비친 자신의 모습을 보고 도망가기를 바랐던 믿음에서였어요.

30-1
1 혀가 까맣게 변색됨
2 훠궈 요리에 들어가는 오리와 거위 내장이 비위생적인 환경에서 가공됨
3 두 공장을 폐쇄하고 안전관리 실태에 대한 공식 조사가 시작됨
4 문단별 내용 정리
   1문단 : 항저우 훠궈 체인점에서 식사 후 혀가 변색된 사건
   2문단 : 산둥성 식품 공장의 비위생적 관리 실태
   3문단 : 허난성 식품 공장의 비위생적 관리 실태
   4문단 : 식품 관리 당국의 대응
   5문단 : 식품 관리 개선의 필요성
5 예시) 만드는 사람들은 식품을 취급하는 모든 과정에서 위생 관리 기준을 엄격히 준수해야 하고, 정부에서는 강력한 법을 정해 정기적인 점검과 검사를 해야 합니다.

30-2
1 부 / 비 / 부 / 비 / 비

30-3
예시) 아일랜드 대기근과 감자의 사례가 있어요. 아일랜드는 땅이 척박해서 농사를 짓기가 쉽지 않았지만, 감자가 잘 자라서 훌륭한 식량이 되어 주었어요. 그런데 1845년 유럽에 나타난 감자잎마름병이 유럽 전역을 휩쓸면서 감자 흉년이 들었고, 수많은 사람들이 굶어 죽는 대기근이 발생했어요. 이에 사람들은 생존을 위해 미국으로 이민을 떠났는데, 약 200만 명의 사람들이 굶어 죽거나 이민을 떠났다고 해요. 그래서 이 사건을 감자 대기근이라고도 불러요.

31-1
1 토종동물 보존과 야생동물 구조 등 중요한 역할
2 동물들의 건강과 안전
3 동물원 역량 강화를 위한 교육과 홍보, 생물 다양성 보전 교육, 동물 보호소 역할, 야생동물 보전, 서식지 보호 활동, 동물 질병 및 안전관리 지원, 종 보전 및 증식 과정 운영 등
4 문단별 내용 정리
   1문단 : 국내 첫 거점동물원으로 지정된 청주동물원
   2문단 : 거점동물원의 역할과 중요성
   3문단 : 청주동물원의 역할과 활동
   4문단 : 동물 복지가 우선인 청주동물원
   5문단 : 청주동물원의 향후 계획과 기대
5 예시) 동물들이 본래 살던 환경 속에서 생활할 수 있도록 동물원 내 서식지를 조성하는 것이 중요합니다. 그래

야 동물들의 스트레스를 줄이고, 더 건강하게 생활할 수 있어요. 또 야생동물의 자연 서식지를 보호하는 활동도 병행해야 합니다.

31-2
1. 보존 / 보전 / 보전 / 보존 / 보전

31-3
예시) 동물원은 단순히 동물을 전시하는 공간을 넘어, 멸종 위기종의 보전을 위한 역할을 해야 합니다. 또 부상당하거나 버려진 야생동물을 구조하고 재활하는 역할 등을 통해 인간과 동물이 공존할 수 있는 사회를 만드는 데 중요한 기관이 되어야 한다고 생각합니다.

32-1
1. 촉법소년 범죄 증가와 법 개정 필요성
2. 촉법소년의 범죄가 계속해서 증가하고 있기 때문에
3. ① 10, 14 / ② 1, 2
4. 문단별 내용 정리
   1문단 : 촉법소년 범죄 사건 발생
   2문단 : 촉법소년 연령대 감소와 처벌 강화 필요성
   3문단 : 촉법소년 연령대 감소 주장의 이유
   4문단 : 범죄를 저지르는 촉법소년 수 증가
   5문단 : 촉법소년 관련 법 개정 필요성
5. 예시) 저는 촉법소년의 나이를 낮추고 처벌을 강화해야 한다는 의견에 대해 긍정적으로 생각합니다. 그 이유는 촉법소년들의 범죄가 증가하고 있으며, 그 범죄의 심각성도 커지고 있기 때문입니다.

32-2
1. 제정 / 제정 / 개정 / 개정 / 개정

32-3
예시) 법은 사회 질서를 유지하기 위한 규칙과 원칙을 모아 놓은 것이에요. 법으로 사람들 간의 균형을 유지하고, 갈등을 예방하거나 해결하여 공정한 사회를 만드는 역할을 해요.

33-1
1. 전 세계 47개국에서 선거가 치러지는 해이기 때문에
2. 딥페이크 기술이 정교해지면서 허위 정보의 급속한 확산을 제어할 안전 장치가 약해졌고 정부 차원의 규제가 미진하기 때문
3. 슬로바키아에서는 가짜 음성 파일이 선거 결과에 큰 영향을 미쳤고, 대만에서는 동영상 플랫폼 틱톡을 통해 독립 성향 후보를 겨냥한 가짜 정보가 유포됨
4. 문단별 내용 정리
   1문단 : 2024년 슈퍼 선거의 해와 그 중요성
   2문단 : 생성형 인공지능(AI)을 악용한 가짜 뉴스의 문제
   3문단 : 딥페이크가 본격 선거에 동원될 때의 문제점
   4문단 : 딥페이크가 선거와 정치를 뒤흔든 사례
   5문단 : 국제적인 대응의 필요성
5. 예시) 딥페이크 기술을 이용해 후보자들의 가짜 발언이나 행동을 만들어 유포함으로써 유권자들의 판단을 흐리게 할 수 있고, 다른 정치 진영 간의 갈등을 부추겨, 사회적 혼란과 분열을 초래할 수 있습니다.

33-2
1. 선동 / 유포 / 변수 / 대두 / 악용

33-3
예시) 민주주의는 국민의 의사를 반영하는 정치 형태입니다. 선거는 국민들이 자신의 의견과 의사를 표현할 수 있는 가장 중요한 수단으로, 국민들은 선거를 통해 자신들을 대표할 지도자나 정당을 선택할 수 있습니다.

34-1
1. 일본의 독도 영유권 주장에 대한 우리의 입장
2. 방위백서에 독도를 자국의 '고유 영토'라고 표시함, 지도에 일본 영해 안에 독도를 표시함, 자위대 부대 위치 표시 지도에서 독도를 다케시마로 표기함
3. 독도가 한국의 고유 영토임을 재확인하며, 일본의 주장을 강력히 항의
4. 문단별 내용 정리
   1문단 : 독도를 자국 영토라고 주장하는 일본
   2문단 : 독도에 대한 억지 주장
   3문단 : 한국 국방부의 강력한 항의와 대응
   4문단 : 한일 관계 개선 움직임을 보이는 일본
   5문단 : 한국의 확고한 입장 유지
5. 예시) 독도에 대한 역사적, 법적 자료를 지속적으로 연구해서 보완하고, 국제 사회의 지지를 얻기 위한 외교적 노력을 강화해야 합니다.

34-2
1. 촉구 / 시정 / 영유권 / 부당

34-3
예시) 저는 안용복의 행동이 매우 용감하고 정당했다고 생각합니다. 그는 자신의 목숨을 걸고 조선의 영토를 지키기 위해 일본과 맞섰습니다. 당시 조선 정부가 제대로 대응하지 못하는 상황에서, 안용복의 개인적인 노력은 우리 땅을 지키는 데 큰 역할을 했다고 생각합니다.

35-1
1. '지도의 날' 국가기념일 지정을 위한 학술심포지엄과 강

	리도의 역사적, 문화적 가치
2	아프리카 희망봉과 유럽 전체를 포함하고 있음. 당시 조선이 미국과 남아메리카를 제외한 세계를 이미 파악하고 있었다는 점에서 놀라운 유산으로 평가받음
3	국제 정세 속에서 우리나라가 세계 속으로 나아갈 방향을 제시하는 중대한 의미를 가짐
4	문단별 내용 정리 1문단 : '지도의 날' 국가기념일 지정을 위한 학술심포지엄 개최 2문단 : 혼일강리역대국도지도의 역사적 중요성 3문단 : 강리도 설명 및 역사적 가치 강조 4문단 : '지도의 날' 국가기념일 지정 필요성 5문단 : 지도포럼 공동위원장의 의견
5	예시) 강리도를 디지털화하여 대중에게 공개, SNS 활용하기, 강리도 체험 프로그램 개발 등

35-2

1 필사본 / 원천 / 역설 / 주최 / 정세

35-3

예시) 지도는 우리가 사는 공간을 시각적으로 이해하고 파악하는 데 도움을 주고 특정 지역의 문화적, 역사적 배경을 이해하는 데 도움을 주어요.

사진 출처

3-3 -3 명월관 본점 사진 엽서
by 국립민속박물관

4-3 전차
ⓒ한국학중앙연구원 by 공공누리

4-3 -2 사인교
by 국립민속박물관

5-2 정조
ⓒ한국학중앙연구원 by 공공누리

6-2 새마을운동 기념부채
by 국립민속박물관

7-3 -5 팽과리
by 국립민속박물관

9-3 -4 회동서관
by 국립민속박물관

10-3-1 6·25 당시 삐라
by 국립민속박물관

11-1 스톤헨지
ⓒgarethwiscombe by Creative Commons CC BY

11-2-1 토기
ⓒ한국학중앙연구원 by 공공누리

11-2-1 수어장대
ⓒ국가유산청 by 공공누리

11-2-1 위봉산성
ⓒ한국관광공사 by 공공누리

11-3-2 익산 미륵사지 석탑
by 국가유산청

12-3-3 가족계획 포스터
by 국립민속박물관

13-3-4 상평통보
by 국립민속박물관

17-2 은자의나라 한국 삽화
by University of California Libraries

17-3-3 가야왕릉지
by 국립중앙박물관

18-3-1 정림사지 5층 석탑
by 국가유산청

18-3-2 분황사 모전 석탑
by 국가유산청

18-3-4 경천사지 10층 석탑
by 국립중앙박물관

19-2 포도대장패
by 국립고궁박물관

19-3-3 단원 풍속도첩 서당
by 국립중앙박물관

20-3-1 반구대 암각화
by 국가유산청

20-3-2 천전리 암각화
by 국가유산청

22-2 신안 보물선
ⓒ코리아넷/해외홍보문화원(전한)

25-2 지석영
ⓒJtm71 by Creative Commons CC BY

26-2 왕인 석상
by 국가유산청

26-3 호류지 금당
ⓒDaderot by Creative Commons CC BY

27-2 빗살무늬토기
ⓒ국립경주박물관 by 공공누리

28-3-1 국제통화기금
ⓒajay_suresh by Creative Commons CC BY

29-3-2 1910년 소방대 목제 수총기
by 국가유산청

30-2 인삼
ⓒ한국농수산식품유통공사 by 공공누리

31-2 창경원 동물원 사진 엽서
by 국립고궁박물관

31-3 쇤부룬 동물원
ⓒMichal Jakubský by Creative Commons CC BY

33-2 이승만 대통령
ⓒ충청남도 by 공공누리

34-2 안용복
ⓒSeudo by Creative Commons CC BY

34-3 독도
ⓒ코리아넷/해외홍보문화원

35-1 강리도
by 규장각

뉴톡 시리즈 3

교과서가 쉬워지는 초등 역사 신문

1판 1쇄 인쇄 2024년 9월 30일
1판 1쇄 발행 2024년 10월 10일

지은이 김문영
펴낸이 고병욱

기획편집2실장 김순란 **기획편집** 권민성 조상희 김지수
마케팅 이일권 함석영 황혜리 복나은 **디자인** 공희 백은주
제작 김기창 **관리** 주동은 **총무** 노재경 송민진 서대원

펴낸곳 청림출판(주)
등록 제2023-000081호

본사 04799 서울시 성동구 아차산로17길 49 1010호 청림출판(주)
제2사옥 10881 경기도 파주시 회동길 173 청림아트스페이스
전화 02-546-4341 **팩스** 02-546-8053

홈페이지 www.chungrim.com **이메일** life@chungrim.com
인스타그램 @ch_daily_mom **블로그** blog.naver.com/chungrimlife
페이스북 www.facebook.com/chungrimlife

ⓒ 김문영, 2024

ISBN 979-11-93842-20-1 (74700)
　　　979-11-93842-17-1 (세트)

※ 이 책은 저작권법에 따라 보호를 받는 저작물이므로 무단 전재와 무단 복제를 금합니다.
※ 책값은 뒤표지에 있습니다. 잘못된 책은 구입하신 서점에서 바꾸어 드립니다.
※ 청림Life는 청림출판(주)의 논픽션·실용도서 전문 브랜드입니다.